Sudhir Kakar
Kultur und Psyche

edition psychosozial

Sudhir Kakar

Kultur und Psyche

Psychoanalyse im Dialog mit nicht-westlichen Gesellschaften

Neu übersetzt aus dem Englischen
von Katharina Kakar

Psychosozial-Verlag

Bibliografische Information der Deutschen Nationalbibliothek
Die Deutsche Nationalbibliothek verzeichnet diese Publikation
in der Deutschen Nationalbibliografie; detaillierte bibliografische Daten
sind im Internetüber http://dnb.d-nb.de abrufbar.

2. Auflage 2014
Überarbeitete deutsche Ausgabe der unter dem Titel »Culture and Psyche«
bei der Oxford University Press erschienenen Originalausgabe (1997)

Walltorstr. 10, D-35390 Gießen
Fon: 06 41 - 96 99 78 - 18; Fax: 06 41 - 96 99 78 - 19
E-Mail: info@psychosozial-verlag.de
www.psychosozial-verlag.de

Umschlagabbildung: »Hand of Sabazios«,
Skulptur eines unbekannten Künstlers (3. Jh.)
Umschlaggestaltung & Layout: Hanspeter Ludwig, Wetzlar
www.imaginary-art.net
Satz: Andrea Deines, Berlin
Druck: CPI books, Leck
Printed in Germany
ISBN 978-3-8379-2098-7

Im Andenken an meinen Mentor und Freund Erik H. Erikson

Inhalt

Inhalt

Vorwort

> *»Ein Baby ist das einzige in der Familie ohne Vergangenheit. Schon bald werden die Eltern es mit der eigenen versorgen.«*
>
> *(Rene Spitz)*

Die hier ausgewählten Aufsätze können der Disziplin der *Kulturpsychologie* zugeordnet werden, wobei in diesem Fall vorwiegend die hindu-indische Kultur und die psychoanalytische Psychologie fokussiert wird. Obwohl ich den Begriff der Kulturpsychologie vor über 30 Jahren knapp als das »Zusammenspiel von Individuum und Kultur«[1] definiert habe, wurde sie erst in den letzten 20 Jahren zu einer lebhaften und aufregenden neuen Disziplin, die sich rasch von den verwandten Fachgebieten der Interkulturellen Psychologie und der Ethnopsychoanalyse abhob. Letztere ist eine Anwendung der Psychoanalyse im ethnologischen Feld, die – wenn sie nicht einfühlsam und vorsichtig praktiziert wird – den Eindruck vermitteln kann, dass der Europäer der Mittelklasse die Norm ist, von der Menschen nicht-westlicher Kulturen abweichen. Die Kulturpsychologie trägt meiner Meinung nach zur Psychoanalyse in der Form bei, dass sie diese nicht nur anwendet, sondern viele ihrer Muster und Theorien infrage stellt, von denen Universalität angenommen wird, die sich aber historisch und kulturell eigentlich auf den modernen Westen beschränken.

Für mich ist der Untersuchungsschwerpunkt der Kulturpsychologie Teil der inneren Repräsentanz (»representational world«) eines Individuums, der auch von seiner Zugehörigkeit zu einer bestimmten kultu-

1 S. Kakar (2006): Schamanen, Mystiker und Ärzte. Wie die Inder die Seele heilen. München (C.H. Beck), S. 32. Engl. (1982): Shaman, Mystics and Doctors. New York (Knopf).

rellen Gruppe geprägt ist. Solche Untersuchungen schärfen den Blick, wenn man sie mit den inneren Repräsentanzen von Individuen anderer kultureller Gruppen vergleicht.

In einer zunehmend multikulturellen Welt müssen sich Psychoanalytiker bewusst darüber sein, dass der innere Raum, den das sogenannte »Selbst« einnimmt, nicht nur aus psychischen Repräsentanzen des eigenen körperlichen Lebens und der Primärbeziehungen der Familie besteht, sondern auch die Repräsentanzen ihrer Kultur mit einschließt, unter anderem die Anschauungen der Gruppe über den Menschen, über die Natur und über soziale Beziehungen. Das Selbst ist also ein Zusammenspiel einander beeinflussender Vorstellungswelten, von denen eine jede die jeweils andere bereichert, begrenzt und formt, während sie sich gemeinsam durch den Lebenszyklus hindurch entfalten. Eine Überprüfung der psychoanalytischen Konzepte von Selbst, Identität und Subjektivität würde auch ergeben, dass keine dieser konstituierenden inneren Welten (Repräsentanzen von Körper, Familie und Kultur) die »primäre« oder »tiefere« ist. Es besteht daher nicht die Notwendigkeit, eine Art hierarchische Ordnung von Aspekten der Psyche oder eine »archäologische« Schichtung der verschiedenen inneren Welten vorzunehmen, obwohl das Selbst zu verschiedenen Zeiten sehr wohl vorwiegend in dem einen oder dem anderen Vorstellungsmodus erfahren werden kann.

Die folgenden Essays sind über einen Zeitraum von 30 Jahren entstanden und für dieses Buch neu bearbeitet worden. Kapitel 1 bis 5 sind eine Auswahl publizierter Vorträge, die anschließend in englischen Fachzeitschriften erschienen sind. Kapitel 6 und 7 sind Teil zweier Bücher und Kapitel 8 ist ein unveröffentlichter Vortrag. Sie wurden von meiner Frau, Katharina Kakar, übersetzt oder auf der Basis einer bereits existierenden deutschen Übersetzung ausführlich revidiert. Sie erschienen erstmals in:

Kapitel 1: »Culture and Psychoanalysis. A Personal Journey«. Social Analysis 50(2), 2006, 25–44.

Kapitel 2: »The Maternal-Feminine in Indian Psychoanalysis«. International Review of Psychoanalysis 16(3), 1989, 355–62.

Kapitel 3: »Clinical work and Cultural imagination«. Psychoanalytic Quarterly 64, 1995, 265-281.

Kapitel 4: »Encounters of the Psychological Kind: Freud, Jung and India«. The Psychoanalytic Study of Society 19, 1994, 263–272.

Kapitel 5: »Psychoanalysis and Non-Western Cultures«. International Review of Psychoanalysis 12, 1985, 441–48.

Kapitel 6: »Love in the Middle-Eastern World«. In: S. Kakar & J. M. Ross: Tales of Love, Sex and Danger. New York (Blackwell), 1986, S. 42–73.

Kapitel 7: »Re-reading Freud on Religion in Hindu India«. In: M.K O'Neil & S. Akhtar (Hg.): On Freud's »The Future of an Illusion«. London (Karnac), 2009, S. 224–236.

Kapitel 8: »Globalization and Psyche«. Unveröffentl. Vortrag, Princeton University, Princeton, 02.03.2010.

I. Kultur und Psychoanalyse: Eine persönliche Reise

Mein Interesse, mich mit der Rolle der Kultur in der Psychoanalyse zu befassen, hat nicht als abstrakte, intellektuelle Übung begonnen, sondern aufgrund eines drängenden persönlichen Anliegens. Es entstand vor mehr als 30 Jahren, ohne dass ich es zu der Zeit ganz verstanden hatte, als ich meine Reise als Psychoanalytiker antrat und fünf Tage die Woche eine Lehranalyse bei einem deutschen Analytiker des Sigmund-Freud-Instituts in Frankfurt absolvierte. Ich bemerkte die Rolle der Kultur in meiner eigenen Analyse zuerst als eine Vielfalt unbehaglicher Gefühle, die mir zu schaffen machten und deren Quelle mir für viele Monate verborgen blieb. Es sollten noch viele Jahre vergehen, bis ich die kulturelle Landschaft meiner Psyche in mehr als ihrer rudimentären Form erkannte und meine Erfahrungen besser verstand.

Nach einigen Monaten der Analyse wurde mir klar, dass meine wiederkehrenden Gefühle der Befremdung sich nicht aus äußerlichen kulturellen Differenzen zwischen mir und meinem Analytiker nährten, beispielsweise Höflichkeitsvorstellungen, Sprachgewohnheiten, Einstellungen gegenüber Zeit und Pünktlichkeit oder Unterschiede in der ästhetischen Sensibilität. So wie die klassische Hindustani-Musik, die mich so bewegte, meinem Analytiker fremd oder möglicherweise ganz unbekannt war, war mir Beethovens Musik fremd. Aber die Ursachen für meine Gefühle der Befremdung lagen nicht in solchen äußerlichen Differenzen, sondern in tieferen kulturellen Schichten meiner Psyche verborgen. Sie waren ein nicht wegzudenkender Teil meiner Subjektivität, so wie dies wahrscheinlich auch bei meinem Analytiker der Fall war. Mit anderen Worten: Wenn wir uns während einer Sitzung manchmal plötzlich fremd wurden, so lag das daran, dass jeder von uns in einer spezifischen »kulturellen Identität« gefangen war, die der bewussten Wahrnehmung nicht leicht zugänglich war. In meinem Fall bestand diese kulturelle Identität in meinem »Indisch-Sein«, mit dessen Ergründung ich mich noch viele Jahre befassen sollte.

Ein kulturell verankertes »Indisch-Sein« oder eine indische Identität sind nicht abstrakte Konzepte oder intellektuelle Debatten von Akademikern, sondern der kulturelle Teil der Psyche, der die Alltagssorgen und Aktivitäten vieler Inder auf ihrer Reise durch das Leben bestimmt: Das Verhalten gegenüber Vorgesetzten und Mitarbeitern in Institutionen, Essgewohnheiten und Nahrungsmittel, die der Gesundheit und Vitalität zuträglich sind, Rechte und Verpflichtungen im Familienkreis – all dies wird genauso vom kulturellen Teil der Psyche beeinflusst wie auch Vorstellungen von der richtigen Beziehung zwischen den Geschlechtern oder zum Göttlichen. Für den einzelnen Inder mag dieses kulturelle Erbe zu unterschiedlichen Zeiten und Lebenslagen von der Kultur seiner Familie, Kaste, Klasse, ethnischen Gruppe oder beruflichen Zugehörigkeit modifiziert oder überlagert werden. Dennoch bleibt seine zugrunde liegende Identität als Inder bestehen, selbst bis in die dritte oder vierte Generation der Diaspora hinein – und das nicht nur während des Zusammenkommens für einen Bollywood-Film oder des jährlich stattfindenden Diwali-Festes.

Doch zuerst einige Worte zur Identität. Identität ist nicht bloß eine Rolle oder das Aufeinanderfolgen unterschiedlicher Rollen, als das sie häufig missverstanden wird. Sie ist nicht etwas »Fließendes«, sondern wird durch ein Gefühl der Kontinuität und Gleichheit bestimmt, unabhängig davon, in welchem Lebensabschnitt man sich gerade befindet. Die eigene Identität, in der die Kultur, in der man aufwächst, eine herausragende Rolle spielt, ist etwas, durch das man sich selbst erkennt und durch das man von anderen erkannt wird. Identität ist kein Kleidungsstück, das entsprechend der Wetterlage an- oder abgestreift wird, sondern sie wird »unter der Haut« getragen. Identität ist nicht etwas, das man sich aussucht, sondern etwas, das einen greift. Sie kann schmerzlich sein, eine tragische Wendung nehmen, verflucht oder beklagt werden, aber sie kann nicht abgeschüttelt werden, auch wenn sie vor anderen verborgen oder – tragischer – vor sich selbst versteckt werden kann.

Die Vorstellung einer einzigen indischen Identität scheint auf den ersten Blick weit hergeholt. Wie kann man verallgemeinernd über ein Land mit über einer Milliarde Menschen sprechen – Hindus, Muslime, Sikhs, Christen und Jains? Ein Land mit mehr als 14 Hauptsprachen und ausgeprägten regionalen und linguistischen Identitäten? Wie bestimmt man etwas Gemeinsames zwischen Menschen, die nicht nur durch soziale Klassen, sondern auch durch das für Indien charakteristische Kastenwesen getrennt sind? Menschen, deren ethnische Vielfältigkeit mehr noch vergangene Imperien charakterisiert als den modernen Nationalstaat? Dennoch haben schon vor Jahrhunderten ausländische Reisende – wie aus erhaltenen Reiseberichten von Europäern, Chinesen und Arabern ersichtlich ist – gemeinsame Züge unter den indischen Völkern wahrgenommen. Sie haben – trotz aller offensichtlichen Unterschiede – eine kulturelle Einheit bezeugt, eine Einheit, die oft ignoriert oder ungesehen bleibt, weil der moderne Blick mehr darauf eingestellt ist, Abweichung und Unterschiedlichkeit zu erspähen als Ähnlichkeiten. Das »Indisch-Sein« der Einwohner dieses riesigen Subkontinents könnte insofern als »Familienähnlichkeit« umschrieben werden; eine Ähnlichkeit, die von jener übergreifenden Hindu-Zivilisation hervorgebracht wurde, die – wenn man das einmal so sagen darf – einen Löwenanteil zum »kulturellen Gen-Pool« der indischen Völker geleistet hat.

Die indische Zivilisation hat sich durch Prozesse der Assimilierung, Transformation, Neubehauptung und Neuschöpfung in der Begegnung mit anderen Zivilisationen und kulturellen Kräften ständig erneuert, wobei bekannte Beispiele der jüngeren Geschichte das Aufkommen des Islam im Mittelalter oder der europäische Kolonialismus der Neuzeit sind. Die gegenwärtig stattfindende Globalisierung ist nur das letzte Glied in einer Kette stärkender kultureller Begegnungen, die nur aus einer engen Perspektive als »Zusammenstoß der Kulturen« bezeichnet werden kann. Die indische Zivilisation kann insofern als gemeinsames Erbe aller Inder, unabhängig von ihrem Glauben, verstanden werden.

In einer strittigen indischen Gesellschaft, in der verschiedene Gruppen lautstark die Anerkennung ihrer Differenzen fordern, ist das Bewusstsein eines gemeinsamen Indisch-Seins, dieses Gefühl einer »Einheit innerhalb der Vielfalt«, oft abwesend. Illustrieren lässt sich dies mit einer Bemerkung des argentinischen Schriftstellers Jorge Luis Borges, der sagte, dass Kamele im Koran deshalb keine Erwähnung finden, weil sie zu sehr Alltag und nicht exotisch genug waren, um entsprechend bemerkt zu werden. Unsere indische »Familienähnlichkeit« wird erst dann sichtbar, wenn sie im Vergleich mit den Profilen anderer großer Völker oder kultureller Gruppen klar hervortritt. Ein Mann, der im Punjab ein Amritsari ist, ist ein Punjabi in anderen Teilen Indiens und ein Inder in Europa; der äußere Radius seiner Identität, sein »Indisch-Sein«, sticht nun in seiner Selbstdefinition und ebenso im Betrachtet-Werden durch andere hervor. Deshalb – trotz anhaltender akademischer Vorbehalte – fahren Leute fort (einschließlich der Akademiker in ihren unbewachten Momenten), von »den Indern« sowie von »den Chinesen«, »den Amerikanern«, »den Europäern« als notwendige und legitime Verkürzung einer komplexeren Realität zu sprechen.

Welche dieser »Bausteine« machen das »Indisch-Sein« oder die indische Identität aus? Ich habe diese gemeinsam mit meiner Frau in dem Buch *Die Inder*[2] genauer beschrieben und werde hier nur einige Schlüsselbegriffe erwähnen: eine Ideologie der Familienbeziehungen und der Beziehungen im Allgemeinen, die auf der Institution der erweiterten Großfamilie beruht; eine Sichtweise sozialer Beziehungen, die zutiefst von der Institution des Kastenwesens beeinflusst ist; eine Vorstellung von Körper und körperlichen Prozessen, die auf dem medizinischen System des Ayurveda basiert; eine kulturelle Vorstellungswelt, in der es von geteilten Mythen und Legenden nur so wimmelt, die die »romantische« Sicht der Inder auf die Welt sowie die relativistische, kontext-sensitive Denkweise unterstreichen. An dieser Stelle werde ich nur auf eines dieser Elemente näher eingehen, nämlich die Beziehungen.

Man kann den Beginn des Lebens mit dem eines Mystikers vergleichen, schwebend, in einem Gefühl andauernder Einheit, in der es keinen Unterschied zwischen der äußeren Welt und einem selbst gibt. Entsprechend ist der Prozess, das »Ich« vom Umfeld des »Nicht-Ich« unterscheiden zu lernen, eine der wichtigsten Aufgaben in unseren frühesten Lebensjahren. Diese Aufgabe schließt das Erkennen mit ein, dass das »Selbst« von den »anderen« getrennt ist und nicht mit ihnen verschmilzt – etwas, das später selbstverständlich wird, zumindest in unseren wachen Stunden und im Zustand relativer Vernunft.

2 S. Kakar & K. Kakar (2006): Die Inder: Porträt einer Gesellschaft. München (C.H. Beck).

Das Erlebnis der Trennung wird mit dem Lebensanfang assoziiert, auch wenn ihr Echo uns bis an unser Lebensende heimsucht und der Nachhall unsere Psyche in Zeiten psychischer oder spiritueller Krisen oft heftig erregt. Die indische Antwort auf das Dilemma und den Schmerz der unvermeidlichen Trennung ist die Betonung der anhaltenden Verbindung des Einzelnen zur natürlichen Welt, dem Kosmos, den Göttern und anderen Menschen. Diese einheitliche Vision von Soma und Psyche, Individuum und Gemeinschaft, Selbst und Welt zeigt sich bis heute in den meisten Ausdrucksformen der Volkskultur.

Der hohe kulturelle Wert, den die Beziehungen einnehmen, äußert sich natürlich am deutlichsten in den Beziehungen zu anderen. Die Sehnsucht nach Gemeinschaft, die bestätigende Gegenwart anderer, die den »psychologischen Sauerstoff« liefern, ist die dominante Modalität sozialer Verbindungen in Indien, insbesondere in der Großfamilie. Deshalb ist es nicht überraschend, dass Onkel, Tanten, Cousinen und Großeltern bedeutende Figuren in den Kindheitserinnerungen der meisten Inder sind. Sie nehmen einen viel größeren Raum in der inneren Welt eines Inders ein, als es bei Europäern und Amerikanern der Fall ist, die in einer Kernfamilie aufwachsen, in denen es nur die Eltern und vielleicht auch die Geschwister sind, die einen derart langen Schatten auf das emotionale Erleben werfen.

Individualität und Unabhängigkeit sind keine Werte, die in indischen Familien geschätzt werden. Ich erinnere mich lebhaft an den Patriarchen einer ausgedehnten Geschäftsfamilie, in Anzug und Krawatte gekleidet, aber mit dem traditionellen Turban auf dem Kopf, der eines Tages in mein Büro kam, um den Therapiefortschritt seiner 21-jährigen Enkelin zu diskutieren, die klinisch depressiv geworden war, als der Tag ihrer arrangierten Hochzeit mit dem Spross einer anderen reichen Familie herannahte. Meinem Schreibtisch gegenübersitzend, mit den Händen auf dem Silbergriff seines Spazierstocks, konnte er kaum seine Enttäuschung über mich verstecken. »*Ihr* mag es besser gehen, Herr Doktor, aber *uns* geht es viel schlechter.«

Auch wenn der hohe Wert, den die Verbundenheit in Indien einnimmt, sich am deutlichsten in den Beziehungen zu anderen äußert, ist es nicht so, dass Inder keine Selbstwahrnehmung als handelnde Subjekte haben oder nicht dazu in der Lage sind, alleine zu funktionieren. Allerdings haben sie eine größere Bedürftigkeit, in Gemeinschaft mit anderen zu sein, betreut und angeleitet zu werden, und tendieren dazu, sich mit den Erfordernissen, die die äußere Welt ihnen abverlangt, gänzlich auf die Unterstützung anderer zu verlassen. Damit einhergehend sind sie im stärkeren Maße Gefühlen der Hilflosigkeit ausgeliefert, wenn ihre Bindungen unter Spannung geraten.

Die Sehnsucht nach der bestätigenden Gegenwart der geliebten Person, das Leid, das sie verursacht, oder die Nichtverfügbarkeit und Unzugänglichkeit in Zeiten, wenn sie gebraucht wird, sind in westlichen Gesellschaften verborgener. Dort setzt das vorherrschende Wertesystem voraus, dass individuelle Unabhängigkeit und Initiative »besser« seien als gegenseitige Abhängigkeit und Gemeinschaft. Aber natürlich hängt es von der Einstellung einer Kultur ab, was eine »gute Gesellschaft« und »persönliche Tugenden« ausmachen, ob das Verhalten eines Menschen in Beziehungen sich auf der Skala zwischen Isolation und Verschmelzung eher dem Isolations- oder dem Verschmelzungspol nähert.

Um mit einer Metapher Schopenhauers zu sprechen: Das Grundproblem menschlicher Beziehungen ähnelt dem von Igeln in einer kalten Nacht. Um der Wärme willen drängen sie sich aneinander, stechen sich und rücken wieder voneinander ab. Dann empfinden sie erneut Kälte und nähern sich wieder einander an. Diese Bewegungen wiederholen sich, bis eine optimale Position erreicht wird, in der die Körpertemperatur über dem Gefrierpunkt liegt und die von den Stacheln verursachten Schmerzen – die Nähe des anderen – erträglich bleiben. Dieser Balanceakt zwischen Nähe und Distanz variiert von Kultur zu Kultur. In der indischen Gesellschaft – anders als in der modernen europäischen und nordamerikanischen Gesellschaft – ist die optimale Position mit der Hinnahme größerer Schmerzen verbunden, um entsprechend mehr Wärme zu bekommen.

Die Betonung der Verbundenheit spiegelt sich auch im indischen Körperbild, einem Kernelement in der Entwicklung der Psyche. Das traditionelle System der indischen Medizin – Ayurveda – kann als einer der »Hauptarchitekten« des indischen Körperbildes betrachtet werden.[3] Im ayurvedischen Körperbild wird das intime Zusammenspiel von Körper und Kosmos betont, einem unaufhörlichen Austausch von Umwelt

3 Für eine ausführliche Behandlung dieses Themas siehe S. Kakar (2006): Schamanen, Mystiker und Ärzte (a.a.O.).

und Körper, der mit beständigen Veränderungen innerhalb des Körpers einhergeht. Entsprechend gibt es in der Natur nichts, das nicht relevant für die ayurvedische Medizin wäre. Weiterhin ist es von Bedeutung, dass es aus indischer Perspektive keinen wesentlichen Unterschied zwischen Körper und Geist gibt. Der Körper wird lediglich als grobe Form der Materie betrachtet *(sthulasharira)*, während der Geist oder die Psyche als eine feinere Form derselben Materie *(sukshmasharira)* verstanden wird. Mit anderen Worten: Beide sind unterschiedliche Formen der gleichen Körper-Geist-Materie – *sharira.*

Im Unterschied dazu wird der Körper in der westlichen Vorstellung klar umrissen. Er hebt sich deutlich gegen die übrigen Objekte in der Welt ab. Diese Betrachtungsweise, bei der der Körper als eine uneinnehmbare Festung gesehen wird, lediglich mit einer begrenzten Anzahl von Zugbrücken, die nur einen lockeren Kontakt zur Außenwelt aufrechterhalten, hat ihre eigenen kulturellen Konsequenzen. Es scheint, dass man sich im wissenschaftlichen und künstlerischen Diskurs des Westens mit deutlicher Vorliebe damit beschäftigt, was *innerhalb* der Festung des individuellen Körpers vor sich geht. Vorzugsweise sucht man Verhaltensprozesse durch Psychologien zu erklären, die aus der Biologie stammen, wobei die natürliche und übernatürliche Umwelt mehr oder weniger ausgeschlossen bleibt. Unabhängig von ihrem wissenschaftlichen Versprechen kann die gegenwärtige Suche nach einer genetischen Erklärung aller emotionalen Störungen auch als eine Konsequenz des westlichen Körperbildes gedeutet werden. Die natürlichen Aspekte der Umwelt – die Qualität der Luft, die Fülle an Sonnenschein, das Vorhandensein von Vögeln und Tieren, die Pflanzen und Bäume – werden, sofern man sie überhaupt in Betracht zieht, als relativ bedeutungslos für die geistige und emotionale Entwicklung des Menschen angesehen. Angesichts des westlichen Körperbildes ist es begreiflich, dass die »kuriosen« indischen Vorstellungen über die Auswirkungen der natürlichen Welt auf Körper und Seele des Menschen – z.B. der Einfluss von Planetenkonstellationen, irdischen Magnetfeldern, Jahreszeiten und Tagesrhythmen, Edelsteinen und Edelmetallen – kurzerhand ins Reich der Fantasie verwiesen werden, wo sie nur für die kleine Gruppe der »Spinner« und Esoteriker der westlichen Gesellschaft von Interesse sind.

Nicht nur der Körper, sondern auch die Gefühle werden mit der im indischen Weltbild hervorgehobenen Verbundenheit allen Seins anders verstanden. Wie die Kulturpsychologen Rick Shweder und Jonathan Haidt hervorheben, haben in Indien Gefühle wie Sympathie, Zwischenmenschlichkeit und Scham Vorrang – durchweg Gefühle, die mit anderen Menschen zu tun haben.[4] Die stärker individualistischen Gefühle wie Wut oder Schuld sind hingegen sekundär. Die indische Psyche hat es schwerer, Wut und Schuld zu erfahren und auszudrücken; im Vergleich mit der westlichen Psyche fällt es ihr aber leichter, mit Gefühlen von Scham und Sympathie umzugehen. Falls Stolz offen ausgedrückt wird, so ist er weniger auf den Einzelnen selbst als auf das Kollektiv gerichtet, von dem man ein Teil ist. Oberflächlich betrachtet mögen die Taten von bemerkenswerter Ähnlichkeit sein, zum Beispiel unglaublich hartes Arbeiten, um eine Beförderung zu bekommen, die Quelle aber, aus der sich die stärkende Motivation speist, kann in beiden Fällen sehr unterschiedlich sein: Im Fall des Westlers mag der Leistungswille im Vordergrund stehen, im Fall des Inders die Vorstellung, wie stolz die Familie sein wird. Deshalb tendieren Inder dazu, ihre Familien zu idealisieren. Familienmythen und Familienstolz sind vorherrschend und Inder orientieren sich mit ihren Vorbildern und Leitfiguren fast ausschließlich an Familienmitgliedern (sehr häufig ein Elternteil) und nicht an Popstars und anderen Ikonen westlicher Jugendlicher.

Diese stärkere Einbeziehung des Menschen in die Gemeinschaft – die Betonung auf der »dividuellen«[5] (statt individuellen) Natur des Menschen – ist auch in die wichtigsten Inhalte der indischen Kunst eingeflossen. In der traditionellen indischen Malerei, besonders in der Tempelkunst, wird der Mensch nicht als isolierte Erscheinung, sondern in seiner Umgebung aufgehend dargestellt. Die Skulpturen, bemerkt Richard Lannoy, sind »ein allumfassendes labyrinthisches Fließen des Tierischen, Menschlichen und Göttlichen […,] in dem sich Sichtweisen der realen Welt miteinander vermischen, leidend und genießend in tausend Formen durcheinander wimmelnd, sich verzehrend, ineinander aufgehend.«[6]

4 R.A. Shweder & J. Haidt (1993): The Cultural Psychology of Emotions: Ancient and New. In: M. Lewis & J.M. Haviland-Jones (Hg.): Handbook of Emotions. New York (Guilford Press), S. 379–414.

5 Dieser Ausdruck stammt von McKim Marriott; siehe M. Marriott (1976): Hindu Transactions: Diversity without Duality. In: B. Kapferer (Hg.): Transactions and Meaning. Philadelphia (Institute for the Study of Human Issues), S. 109–142.

6 R. Lannoy (1976): The Speaking Tree. London (Oxford University Press), S. 32f. (Zitat in eigener Übersetzung).

Die auf Beziehungen ausgerichtete Orientierung oder der vorrangige Eros in der indischen Psyche – Eros nicht in seiner engeren sexuellen Bedeutung, sondern im weitesten Sinn als »Verbundenheit«, bei der sexuelle Kontakte nur die intimste der Verbindungen sind – lässt Inder »erotischer« erscheinen als manche andere Völker. Andererseits fördert die westliche, individualistische Orientierung die Neigung zur Selbstüberhöhung und den Glauben, dass die Erfüllung (konsumbezogener) Bedürfnisse die »Via regia« zum Glück ist. Mit der postmodernen Betonung von »fließenden Identitäten« und der Unbeständigkeit von Beziehungen verkörpert der moderne, westliche Mensch (wie auch der Inder der Oberschicht) das, was die Jungianer als *puer aeternus* bezeichnen: den ewigen Jugendlichen, der stets voller Vitalität *seine* Träume verfolgt, aber für sein Umfeld eher ermüdend ist.[7]

Damit soll natürlich keine vereinfachte Dichotomie zwischen dem westlichen Bild eines individuellen, autonomen Selbst und dem an Beziehungen orientierten, transpersonalen Selbst der indischen Gesellschaft nahegelegt werden. Dies sind prototypische Muster, die in keiner Gesellschaft in reiner Form existieren. Die Autonomie des Selbst, wie es die Psychotherapie mit Patienten der westlichen Mittelschicht nahelegt, ist in der Realität ebenso prekär wie auch die Vorstellung eines indischen Selbst, das mit seiner ihn umgebenden Familie und Gemeinschaft verschmilzt. Beide Visionen menschlicher Erfahrung sind allen größeren Kulturen eingeschrieben, obwohl Kulturen die eine Erfahrung auf Kosten der anderen hervorheben mögen.

Wie bereits erwähnt, wird hier nur eine Geschmacksprobe von den tieferen Schichten dessen vermittelt, was ich die »indische Identität« genannt habe. Ich könnte fortfahren, weitere grundlegende Unterschiede und ihre kulturellen Auswirkungen hervorzuheben, beispielsweise zur Frage von Männlichkeit und Weiblichkeit oder zur Frage der hierarchischen Sicht aus indischer Perspektive. Ich habe dies an anderer Stelle getan[8] und möchte hier wieder zu meiner persönlichen Reise zurückkehren, also zu dem, was in meiner eigenen Psychoanalyse geschehen ist:

---

7 M.L. Franz (2000): Puer Aeternus: A Psychological Study on the Adult Struggle with the Paradise of Childhood. Toronto (Inner City Books). Ich schulde diesen Hinweis D. Johnston (2005): A Comprehensive Approach to Psychotherapy. Unveröffentlichtes Manuskript.

8 S. Kakar & K. Kakar (2006): Die Inder (a.a.O.), S. 193–95 und S. 12–29.

Wie hätte mein Analytiker mit diesen kulturellen Differenzen umgehen sollen? Hätte er Wissen über meine Kultur erwerben müssen, und falls ja, welche Art des Wissens? Hätte ein anthropologisches, historisches oder philosophisches Grundwissen über die Hindu-Kultur sein Verständnis für mich verändert? Oder wäre ein psychoanalytisches Verständnis meiner Kultur hilfreicher gewesen? Psychoanalytisches Wissen einer Kultur ist nicht äquivalent mit anthropologischem Wissen, auch wenn es zwischen beiden Überlappungen gibt. Psychoanalytisches Wissen ist in erster Linie das Wissen um die Fantasien einer Kultur; das Wissen, wie sich diese Fantasien in symbolischer Form – in Mythen, Volksmärchen, Volkskunst, Literatur und im Kino – verschlüsseln.

Neben der Fragestellung *was* für ein Wissen, müssen wir auch fragen, *welche* Kultur? Hätte ein psychoanalytisches Wissen der Hindu-Kultur in meinem Fall gereicht? Ich bin zwar ein Hindu, aber durch Geburt auch ein *Punjabi Khatri*, was so viel heißt, dass meine übergreifende Hindu-Kultur durch eine starke regionale Kultur als Punjabi und weiter durch meine Khatri-Kaste vermittelt wurde. Diese Hindu-Punjabi-Khatri-Kultur wurde weiter modifiziert durch einen agnostischen Vater und einer traditionelleren, gläubigen Mutter, die beide zudem in unterschiedlichem Maße verwestlicht waren. Kann erwartet werden, dass ein Analytiker so viel kulturelles Vorwissen über seine Patienten erwirbt? Andererseits: Ist es vertretbar, dass ein Analytiker keinerlei Wissen über den kulturellen Hintergrund seiner Patienten hat? Oder liegt die Wahrheit, wie so oft, irgendwo in der Mitte?

Hier nun kommt die Überraschung. Mein Analytiker war ein exzellenter Therapeut – feinfühlig, einsichtsvoll, geduldig. Und wie ich beim Fortschreiten meiner Analyse feststellte, wurden meine Gefühle der Entfremdung, auf der sich alle diese Fragen gründeten, schwächer und schwächer. Was passierte da? Stach der kulturelle Teil meines Selbst weniger hervor, als der Analytiker noch tiefere Schichten meines Selbst berührte, wie viele Psychoanalytiker behaupten mögen? Ich würde sagen, ja, aber nur teilweise. Denn in meinem Fall (und ich glaube, das passiert den meisten Patienten) passte ich mich der Kultur meines Analytikers unbewusst an. Ich verleibte mir sowohl seine westliche, nordeuropäische Kultur als auch seine freudianische, psychoanalytische Kultur ein. Mein intensives Bedürfnis, von meinem Lehranalytiker »verstanden« zu werden – ein Bedürfnis, das jeder Patient teilt –, brachte eine unbewusste Kraft zum Vorschein, die mich jene kulturellen Anteile meines Selbst herunterspielen ließ, von denen ich glaubte, sie würden meinem Analytiker zu fremd sein. Nun wissen wir, dass jede Form der Therapie auch zu einer gewissen Einverleibung der entsprechenden Kultur führt. Wie Fancher bemerkt:

> »Durch die Fragen, die wir stellen, die Dinge, die wir hervorheben, die Themen, die wir für unsere Kommentare wählen, die Art und Weise, wie wir uns gegenüber dem Patienten verhalten, die Sprache, die wir benutzen – durch alle diese und eine Reihe anderer Wege kommunizieren wir dem Patienten unsere Vorstellung davon, was ›normal‹ ist und der Norm entspricht. Unsere Deutungen der Ursprünge der Konflikte unserer Patienten enthüllen in reiner Form unsere Annahmen, was was verursacht, was im Leben problematisch ist, wo der/die Patientin nicht bekam was er/sie brauchte, was anders gewesen sein sollte.«[9]

Auf der Höhe der Übertragungsliebe war ich im Feinsten auf Andeutungen meines Analytikers bezüglich der Werte, des Glaubens und der Visionen eines erfüllten Lebens eingestimmt – Andeutungen, um die selbst der zurückhaltendste Analytiker im therapeutischen Prozess nicht herumkommt. Ich konnte die Andeutungen, die mein Verhalten und meine Reaktionen unbewusst entsprechend mitgestalteten, schnell aufnehmen, mit dem Bedürfnis, »dem Geliebten« zu gefallen und gefällig zu sein. Was ich in der Übertragungsliebe begehrte, war die Nähe zum Analytiker, wobei ich seine kulturell geprägten Interessen, Einstellungen und Glaubensvorstellungen voll zu teilen wünschte. Dieses intensive Bedürfnis nach Nähe und Verständnis – paradoxerweise indem ich Teile meines Selbst aus dem analytischen Verständnisfeld heraushielt – zeigte sich auch dadurch, dass ich sehr schnell begann, auf Deutsch, der Sprache meines Analytikers, zu träumen – etwas, das mir niemals vor oder nach der Analyse passierte.

Die Sprache, in der die Analyse durchgeführt wurde, nämlich Deutsch, begünstigte, dass ich bestimmte Anteile meines Selbst herunterspielte. Unsere Muttersprache, die Sprache unserer Kindheit, ist inniglich mit emotional gefärbten sinnlich-motorischen Erlebnissen verbunden. Wenn

9 R.T. Fancher (1993): Psychoanalysis as Culture. Issues in Psychoanalytic Psychology 15(2), S. 81–94, hier S. 89f. (Zitat in eigener Übersetzung).

aber die Sprache in der Therapie nicht die Muttersprache des Patienten ist, dann fehlt oft das, was Wilfred Bion die »Alpha-Elemente« nannte.[10] Das heißt: Analytische Therapie ist dann häufig in der Gefahr, bei dem Patienten ein »operationales Denken« zu fördern.[11] Mit anderen Worten: Es herrschen verbale Ausdrucksformen vor, die nicht mit Gefühlen, Symbolen und Erinnerungen verbunden sind. Auch wenn grammatikalisch richtig und reich im Vokabular, ist die fremde Sprache emotional verarmt, zumindest was die *frühen* Erinnerungen betrifft.

Wie sollte ein Analytiker dann das Thema kultureller Unterschiedlichkeit in der Praxis angehen? In einer idealen Situation würde der kulturelle Unterschied nur minimal sein. Das würde bedeuten, dass der Analytiker durch eine weitreichende Auseinandersetzung mit dem Alltagsleben, den Mythen, der Volkskunst und Literatur, der Sprache und Musik über ein psychoanalytisches Wissen der Kultur des Patienten verfügt. Denn ohne diese maximale Forderung ist der Analytiker der Gefahr ausgesetzt, den Verlockungen kultureller Stereotypisierung zu unterliegen: Wichtige Unterschiede werden unterdrückt, eine Gleichheit wird angenommen, wo nur Ähnlichkeiten existieren.

Der Analytiker braucht meiner Meinung nach allerdings nicht eine genaue Kenntnis der Kultur seines Patienten, sondern vielmehr ein ernsthaftes Hinterfragen der Vorstellungen, die seiner *eigenen* Kultur zugrunde liegen – das heißt der Kultur, in die er geboren wurde und der Kultur, in der er als Psychoanalytiker beruflich sozialisiert ist. Mit anderen Worten: Aufgrund der meist fehlenden Möglichkeit, ein psychoanalytisches Wissen der Kultur des Patienten zu erlangen, sollte der Analytiker danach streben, die Gefühle der Entfremdung durch kulturelle Differenz beim Patienten so weit zu reduzieren, dass der Patient nicht oder nur geringfügig kulturelle Teile seines Selbst aus der therapeutischen Situation ausschließt. Das ist nur dann tatsächlich möglich, wenn der Analytiker in der Lage ist, eine *kulturelle Offenheit* zu vermitteln. Das heißt, dass er sich der Behauptungen seiner eigenen Kultur bezüglich der menschlichen Natur, menschlicher Erfahrungen und der Erfüllung menschlichen Lebens bewusst ist und die Relativi-

10 W. R. Bion (1963): Elements of Psychoanalysis. London (Heinemann).

11 E. Bash-Kahre (1984): On difficulties arising in transference and countertransference when analyst and analysand have different socio-cultural backgrounds. Int. R. Psychoanal. 11, S. 61–67.

tät seiner Vorstellungen anerkennt, in dem Wissen, dass es sich dabei um kulturelle Produkte handelt, die in eine bestimmte Zeitepoche eingebettet sind. Er muss sich für die versteckte Existenz dessen sensibilisieren, was Heinz Kohut »Gesundheit- und Reife-Moral« nennt.[12] Auch muss er sich darüber bewusst werden, dass seine Konzepte der Psychopathologie keine unbedingt universale Gültigkeit haben. Der Analytiker muss seine eigenen kulturellen Urteile relativieren, zum Beispiel in Bezug auf psychologische Reife und geschlechtsangemessenes Verhalten, »positive« oder »negative« Lösungen entwicklungsbedingter Konflikte und Komplexe, Urteile, die oft im Gewand universal gültiger Wahrheiten erscheinen.

Ein Therapeut kann seinen Fortschritt bezüglich seiner kulturellen Offenheit beispielsweise daran messen, ob sich Empfindungen der Neugierde und des Staunens steigern, wenn die kulturellen Aspekte des Patienten ihre Stimme in der Therapie finden; ob die Versuchung der Pathologisierung des kulturellen Verhaltens seines Patienten nachlässt; ob die eigenen Werte nicht länger als normal und tugendhaft gelten und das Bedürfnis, dem Patienten diese Werte zu vermitteln, deutlich nachlässt.

Wie steht es mit den kulturellen Konflikten eines nicht-westlichen Analytikers, so wie ich selbst, der eine westliche Disziplin in einem asiatischen Land praktiziert, eine Frage, die mir oft gestellt wurde? Die Psychoanalyse beruht, wie wir wissen, auf einer Vorstellung menschlicher Erfahrung, die die Individualität eines Menschen und seine eigenständige Psyche hervorhebt. Nach psychoanalytischer Vorstellung lebt jeder von uns in seiner eigenen, subjektiven Welt, verfolgt Vergnügungen und private Fantasien und baut sich ein Leben und Schicksal auf, das mit seinem Tod endet. Diese Perspektive schließt ein, dass unsere Seele tiefere Geheimnisse beherbergt als wir zugeben wollen. Mit ihr wird die Existenz einer erkennbaren, objektiven Realität und die komplexe und tragische Seite des Lebens betont, in der viele Wünsche unerfüllt bleiben. Diese Vorstellung steht im Widerspruch zu meinem indischen und spezifisch hinduistischen kulturellen Erbe, in der das Leben nicht als tragisch, sondern als eine romantische Suche betrachtet wird, die sich über viele Leben erstrecken kann, mit dem Ziel und der Möglichkeit,

12 H. Kohut (1979): The two analyses of Mr. Z. I. J. Psycho-Anal. 60, S. 3–27, hier S. 12.

eine »höhere« Stufe der Realität zu erlangen, jenseits unserer geteilten, nachweisbaren, empirischen Realität der Welt, des Körpers und der Emotionen. Als ich meine Praxis in Indien eröffnete, war ich mir dieses Kampfes in meinem Inneren bewusst, der zwischen meiner ererbten Hindu-Kultur und der freudianischen, psychoanalytischen Kultur, die ich mir angeeignet hatte, und in der ich mich beruflich angesiedelt hatte, bestand. Mein romantischer, indischer Blick auf die Realität ließ sich nicht mit der ironischen, psychoanalytischen Sichtweise in Einklang bringen, noch waren das indische Menschenbild und die Quellen menschlicher Stärke vereinbar mit der freudianischen Sichtweise – die nun auch meine war – über das Wesen des Individuums und seine Welt.

Einige meiner indischen Kollegen bemühen sich, diese Zerrissenheit ihrer Seele zu lösen, indem sie sich uneingeschränkt mit ihrer beruflichen Sozialisierung identifizieren und ihr indisches Erbe zurückweisen. Viele von ihnen sind in den Westen ausgewandert, um als Therapeuten zu arbeiten. Sie scheinen von ihren westlichen Kollegen ununterscheidbar zu sein. Andere, die in Indien geblieben sind, versuchen ihrer beruflichen Identität treu zu sein, indem sie sich an alle psychoanalytischen Orthodoxien klammern. In ihrem Exil von Rom werden sie dabei manchmal konservativer als der Papst. Andere, wie ich selbst, leben mit den Widersprüchlichkeiten und trösten sich mit der indischen Haltung, dass nicht jeder Widerspruch gelöst werden muss.

Ich glaube, ich habe das Dilemma für mich so gelöst, wie manche Männer indischer Familien ihren Konflikt zwischen der Mutter und der Ehefrau lösen, die beide verlangen, dass er zwischen ihnen wählt. Unfähig diese Wahl zu treffen, reagieren diese Männer oft so, dass sie sich von beiden distanzieren. Ich habe, um meine Zuneigung gegenüber der Psychoanalyse und meiner Hindu-Kultur intakt zu halten, mich zwar distanziert, aber nicht abgeschnitten und mich indessen mit beiden kritischer befasst. Der Verlust einer gewissen Unschuld und Begeisterung ist der Preis, den man für eine solche Strategie zahlt. Dieser Preis scheint mir nicht zu hoch dafür, dass man sich nicht verschließen muss und sich eine Neugier erhalten kann, die sich nicht mit einfachen Antworten zufrieden gibt.

Zusammenfassend würde ich sagen, dass es bei den westlichen Kollegen immer noch unentschieden ist, ob eine optimale Psychotherapie mit Patienten verschiedener Kulturen vom Therapeuten verlangt, Wissen über die Kultur des Patienten zu haben. Aus orthodoxer Sicht überwiegt hier die universalistische Argumentation, dass eine Analyse mit Patienten anderer Kulturen gemacht werden kann, weil sie die tieferen Ebenen der Psyche anspricht, die von allen Menschen geteilt werden. Auf der anderen Seite allerdings werden die Stimmen von Neurowissenschaftlern und Anthropologen sowie einiger Psychoanalytiker, zu denen ich mich selbst zähle, lauter, die bezweifeln, dass eine optimale Therapie unter solchen Umständen möglich ist. Der kulturelle Teil unserer persönlichen Identität, sagen moderne Neurowissenschaftler, ist in unserem Gehirn vernetzt. Die Kultur, in der ein Kleinkind aufwächst, begründet die Software des Gehirns, vieles davon ist am Ende der Kindheit bereits vorhanden. Natürlich verändert sich das Gehirn durch Interaktionen mit der Umwelt auch im späteren Leben, denn es ist ebenso ein soziales und kulturelles Organ wie auch ein biologisches. Das Gehirn ist wie der besagte Fluss bei Heraklit, in den man kein zweites Mal tritt. Allerdings, wie der Neurologe und Philosoph Gerhard Roth feststellte,

> »ganz gleich seiner genetischen Ausstattung, ein menschliches Baby das in Europa, Afrika oder Japan aufwächst, wird europäisch, afrikanisch oder japanisch. Und wenn jemand in einer bestimmten Kultur, sagen wir einmal 20 Jahre lang groß geworden ist, wird er nie ein volles Verständnis einer anderen Kultur erhalten, weil das Gehirn durch den dünnen Flaschenhals der ›Kulturisierung‹ gegangen ist.«[13]

Meiner Ansicht nach beharrt die Anthropologie zu Recht darauf, dass das Universelle nur in kulturellen Besonderheiten zum Ausdruck kommen kann. Oder wie der bekannte Anthropologe Clifford Geertz einmal über seine Feldforschung in Java witzelte: »Menschlich sein heißt Javanese zu sein.«

Ich will an dieser Stelle wiederholen, dass ich die Psychoanalyse nicht grundsätzlich infrage stelle und sie summarisch der Kategorie einer westlichen Ethnopsychotherapie zuordne. Die Psychoanalyse hat sich bedeutende Einsichten über die Psyche erkämpft, die tatsächlich universal und sehr nützlich sind: die Bedeutung der unbewussten Kräfte, die Bedeutung der frühen Kindheitserfahrungen für das psychische Leben, die Konzepte

13 Die Seele gehört nicht mir: Ein Gespräch zwischen dem Neurobiologen Gerhard Roth und dem Sozialpsychologen Harald Welzer. Die Zeit. 23.02.2006.

des Widerstandes und der Übertragung in der therapeutischen Technik und viele, viele andere. Andererseits benötigen die psychoanalytischen Konzepte von Normalität und Pathologie sowie die Theorie menschlicher Entwicklungsstufen ein Korrektiv oder müssten gar verworfen werden, wenn die Psychoanalyse weiterhin eine bedeutende Rolle in der heutigen, globalisierten Welt spielen will. Möglicherweise besteht die primäre Aufgabe, die die Globalisierung dem Psychotherapeuten auferlegt, darin, die eigenen kulturellen Grenzen poröser zu machen.

II. Das Mütterlich-Feminine in der indischen Psychoanalyse

Am 11. April 1929 schrieb Girindrasekhar Bose, der Gründer und erste Präsident der indischen Psychoanalytischen Gesellschaft, an Freud. Er beschrieb ihm die Unterschiede, die er in der psychoanalytischen Behandlung indischer und westlicher Patienten beobachtet hatte.

> »Ich erwarte natürlich nicht, dass Sie meine Interpretationen der Ödipus-Situation ohne weiteres akzeptieren. Ich leugne die Bedeutung der Kastrationsbedrohung in europäischen Fallgeschichten keinesfalls; mein Einwand legt nur nahe, dass diese Bedrohung ihre Wirkung in Verbindung mit dem Wunsch entfaltet, weiblich zu sein. [Freud hatte Bose in einem vorausgegangenen Brief freundlich auf die Wirkung der Kastrationsbedrohung hingewiesen]. Der wirkliche Kampf findet zwischen dem Wunsch männlich zu sein statt und seinem Gegenteil, dem Wunsch, weiblich zu sein. Ich habe bereits darauf hingewiesen, dass die Kastrationsbedrohung in der indischen Gesellschaft weit verbreitet ist, aber meine indischen Patienten zeigen nicht so deutliche Kastrationssymptome wie es bei europäischen Patienten der Fall ist. Das Bedürfnis, weiblich zu sein kann bei indischen, männlichen Patienten sehr viel leichter an die Oberfläche geschwemmt werden als bei europäischen […]. Die Ödipus-Mutter ist sehr häufig ein gemischtes Abbild der Eltern und das ist von großer Bedeutung. Ich habe Grund anzunehmen, dass der Beweggrund, der hinter der ›mütterlichen Gottheit‹ steht, sich aus dieser Quelle speist.«[14]

14 T.C. Sinha (1966): Psychoanalysis in India. In: T.C. Sinha: Lumbini Park Silver Jubilee Souvenir. Calcutta (Lumbini Park), S. 66 (Zitat in eigener Übersetzung).

Freuds Antwort ist höflich und diplomatisch: »Ich bin zutiefst beeindruckt von den unterschiedlichen Reaktionen indischer und europäischer Patienten auf die Kastrationsbedrohung und verspreche, dass ich meine Aufmerksamkeit auf den Umkehrungswunsch richte, den Sie hervorheben. Letzteres ist zu bedeutend, um voreilige Schlüsse zu ziehen.«[15]

In einem anderen Aufsatz führt Bose seine Beobachtungen aus und begründet sie mit seiner Theorie gegensätzlicher Wünsche:

> »Während meiner Analyse indischer Patienten habe ich nicht einen einzigen Fall des Kastrationskomplexes erlebt, wie er von europäischen Beobachtern beschrieben wird. Diese Tatsache scheint darauf zu verweisen, dass sich der Kastrations-Gedanke als Ergebnis von Umwelteinflüssen auf eine eher primitive Neigung des Subjekts entwickelt. Der Unterschied der sozialen Umwelt von Indern und Europäern ist verantwortlich für die unterschiedlichen Ausdrucksweisen in beiden Fällen.«[16]

Bose fährt fort und argumentiert, dass die Kastrationsbedrohung in Indien zwar als weit verbreitet gelten darf (bei Mädchen nimmt sie als Bedrohung vor Schlangen Gestalt an), aber die Reaktion auf sie anders ist, da Kinder bis zum Alter von sieben (Mädchen) beziehungsweise neun oder zehn Jahren (Jungen) nackt herumliefen, sodass die Entdeckung des Unterschieds der Geschlechter keine große Überraschung ist. Hinter dem Kastrationsgedanken, der in Träumen symbolisch als Enthauptung, Schnitt in den Finger oder Körperwunde auftaucht, steht die »primitive« Fantasie, eine Frau zu sein.

Wenn man frühe indische Fallgeschichten liest, ist man tatsächlich beeindruckt von den fließenden geschlechts- und generationsübergreifenden Identifikationen der Patienten. Beim indischen Patienten scheint die Fantasie, die Geschlechtsmerkmale beider Eltern anzunehmen, dem Bewusstsein einfacher zugänglich zu sein. Bose erzählt uns beispielsweise in einer seiner Fallgeschichten von einem Anwalt mittleren Alters, der in Bezug auf seine Eltern manchmal

> »eine aktive, männliche sexuelle Rolle einnahm, beide Elternteile in seinem Unbewussten als Frauen zu behandeln und manchmal eine weibliche

15 Ebd.

16 G. Bose (1950): The genesis of homosexuality. Samiksa 4, S. 66–85, hier S. 74 (Zitat in eigener Übersetzung).

> Haltung einnahm, insbesondere gegenüber seinem Vater, in dem Wunsch, ein Kind von ihm zu wollen. In der männlichen Rolle identifizierte er sich manchmal auch mit seinem Vater und fühlte eine sexuelle Sehnsucht nach der Mutter; bei anderen Anlässen setzte sein Unbewusstes Teile beider Eltern zusammen, auf die seine männlichen sexuellen Bedürfnisse gerichtet waren; während dieses Verhaltens ließ er seinen Vater ein Kind gebären, wie eine Frau in seinem Traum.«[17]

Ein anderer junger Bengali fühlte mit einer halluzinatorischen Intensität, dass sein Penis und seine Hoden verschwanden und durch weibliche Genitalien ersetzt wurden, sobald er an einen bestimmten Mann dachte. Während des Stuhlgangs hörte er die herrische Stimme seines Gurus fragen: »Hast du mir schon ein Kind geschenkt?« In vielen seiner Träume war er ein Mann, während sein Vater und seine Brüder Frauen geworden waren. Beim Geschlechtsverkehr mit seiner Frau knotete er sich ein Taschentuch vor die Augen, weil ihm das ein Gefühl gab, eine verschleierte Braut zu sein, während er fantasierte, dass sein Penis der seines Vaters sei und die Vagina seiner Frau jene seiner Mutter.[18]

50 Jahre nach Boses Beiträgen, von denen ich lange Zeit nur eine vage Vorstellung hatte, bin ich in meiner eigenen klinischen Arbeit beeindruckt davon, wie ähnlich die Struktur des indischen Geisteslebens ist, die wir unabhängig voneinander beobachtet haben – und das trotz unserer unterschiedlichen emotionalen Vorlieben, des differenten analytischen Stils, der verschiedenen theoretischen Voreingenommenheiten sowie unterschiedlicher geografischer Niederlassungen und historischer Situationen. Eine derartige Konvergenz stärkt meine – von allen Analytikern geteilte – Überzeugung, dass unsere Darstellung der inneren Welt nicht beliebig ist. Es gibt ohne Zweifel etwas, das Widerstand leistet, ein Etwas, das sich als »psychische Realität« charakterisieren lässt und dem sich Analytiker und Analysand gemeinsam annähern und es deuten.

Hinsichtlich meiner eigenen Beobachtungen möchte ich die Allgegenwart und Vielförmigkeit der »primitiven Vorstellung, eine Frau zu sein«, und die Einbettung dieser Fantasie in die mütterlichen Konfigurationen innerhalb der Familie und in der indischen Kultur zur Diskussion stellen.

17 G. Bose (1948): A new theory of mental life. Samiksa 2, S. 108–205, hier S. 158 (Zitat in eigener Übersetzung).

18 G. Bose (1949): The genesis and adjustment of the Oedipus wish. Samiksa 3, S. 222–240.

Mein Hauptargument ist, dass die »hegemonische Erzählung« der hinduistischen Kultur – sofern es die männliche Entwicklung betrifft – weder die des freudianischen Ödipus noch die des christlichen Adams ist. Eine der vorherrschenden Erzählungen in der Hindu-Kultur ist die der *Devi*, der großen Göttin, insbesondere in ihrer mannigfaltigen Erscheinung als Mutter in der inneren Welt des Hindu-Sohnes. In Indien ist eine der wichtigsten Aufgaben der Psychoanalyse, der Wissenschaft der Imagination oder gar (in Wallace Stevens Worten) der Wissenschaft der Illusion, sich mit Mahamaya[19] auseinanderzusetzten. Es ist natürlich nicht meine Absicht, die Bedeutung, die die machtvolle Mutter auch in der westlichen Psychoanalyse einnimmt, zu leugnen oder herunterzuspielen. Ich möchte lediglich zur Diskussion stellen, dass bestimmte Formen des Weiblich-Mütterlichen zentraler in indischen Mythen und in der indischen Psyche sind als im Westen. Ich möchte zur Untermauerung meiner These die ersten zehn Minuten einer analytischen Sitzung schildern:

Der Patient ist ein 26-jähriger Sozialarbeiter, der seit drei Jahren in Analyse ist. Er kommt viermal wöchentlich zu jeweils 50-minütigen Sitzungen, die in klassischer Art und Weise absolviert werden, indem der Patient auf der Couch liegt und der Analytiker auf einem Stuhl hinter ihm sitzt. Der Patient hat die Analyse nicht aufgrund drängender persönlicher Probleme begonnen, sondern weil er glaubte, dass es ihm beruflich helfen würde. In dieser Sitzung beginnt er mit einer Fantasie, die er während einer Busfahrt hatte. Die Fantasie handelt von einem Stamm, der im Urwald lebt und seine Toten auszieht und an Bäume hängt. M. – der Patient – sieht vor seinem inneren Auge eine wunderschöne junge Frau an einem der Bäume hängen. Er stellt sich vor, nachts zu kommen und mit der Frau zu schlafen. Andere Stammesmitglieder essen Teile der aufgehängten Leichen. Unmittelbar im Anschluss an die Fantasie folgt die Erinnerung eines Ereignisses vom Vorabend. M. hatte sein Elternhaus besucht, in dem er lebte, bis er vor Kurzem geheiratet und seinen eigenen Haushalt gegründet hatte. Der Schritt, von zu Hause auszuziehen, war nicht nur persönlich schmerzhaft für ihn, sondern auch ungewöhnlich, da Söhne in seinem sozialen Milieu ihre Frauen normalerweise nach Hause bringen und die verschiedenen Generationen zusammen leben. Seine

19 Mahmaya bedeutet hier die »große Illusion«, was wiederum ein anderer Name für »große Göttin« (Devi) ist.

jüngere Schwester besuchte die Eltern mit ihrem dreijährigen Sohn zur gleichen Zeit wie M. Die ängstliche Aufmerksamkeit, die seine Mutter und Großmutter dem kleinen Jungen schenkten, irritierte M. Die Großmutter ermahnte den Jungen wiederholt, nicht nach draußen zum Spielen zu gehen, vorsichtig zu sein, sich nicht zu weit weg zu wagen und so weiter. Bei meiner Bemerkung, dass er sich möglicherweise in seinem Neffen wiedererkennt, erwidert M. – was selten der Fall ist – mit Verärgerung: »Ja, alle Frauen [seine Mutter, Großmutter, die Frau seines Onkels und die unverheiratete Schwester des Vaters, die mit ihnen lebte] haben mit mir ständig das Gleiche gemacht.«

Ich möchte mit der Darstellung der ersten zehn Minuten dieser Sitzung M.s Konflikt in Bezug auf mütterliche Repräsentationen aufrollen und diese mit dem zentralen Thema mütterlicher Konfigurationen in der indischen Kultur verweben. Diese spezifische Absicht zwingt mich, mit der Präsentation meines Materials aus M.s Analyse so zu verfahren, wie Donald Spence es einmal benannte: »narrative smoothing« – Geschichte glätten.[20] Eine Fallgeschichte bewegt sich – auch wenn sie beabsichtigt, wahr zu sein – immer am Schnittpunkt von Fakt und Fabel. Ihre erzählerische Beschaffenheit entspringt allerdings weniger der Fantasie als dem Weglassen von Realität.

M. wurde in eine Familie der unteren Mittelschicht, in einem großen Dorf nahe Delhi, als ältester von drei Brüdern und zwei Schwestern geboren. Seine Kindheitserinnerungen sind bis weit in die Jugendzeit hinein durchdrungen von der »mütterlichen Phalanx« der vier Frauen. Wie seine Mutter, die in seinen frühesten Erinnerungen als eigene Persönlichkeit im mütterlichen Kontinuum hervorsticht, um anschließend wieder darin aufgesogen zu werden, taucht auch M. oft aus einem weiblichen Raum auf und wieder in ihn ein. In der Übertragung sind die Fantasien, eine Frau zu sein, nicht besonders verstörend, genauso wenig die Fantasie, ein Säugling zu sein und an der Mutterbrust zu nuckeln, die er meiner sehr behaarten Brust hinzudichtete. Eine seiner frühesten Erinnerungen bezieht sich auf eine Frau, die an den kleinen Penissen der Jungen zog, die draußen nackt herumspielten. M. hatte nie Angst, wenn die Frau an seinem Zipfel zog. Er mochte es sogar, denn er fühlte sich auf diese Weise

20 D.P. Spence (1986): Narrative smoothing and clinical wisdom. In: T. Sarbin (Hg.): Narrative Psychology. New York (Praeger), S. 211–232.

darin bestätigt, einen Penis zu haben, kurzum: Es tat ihm gut, dass dieser von der Frau zur Kenntnis genommen wurde.

M.s Wünschen und Bedürfnissen wurde stattgegeben, bevor er sie überhaupt zu artikulieren brauchte – er wurde stets von einer der vier Frauen gebadet, angezogen, gekämmt, umschmust. Ihm wurde ständig Essen aufgedrängt, insbesondere die aus Milch gekochten indischen Süßigkeiten. Selbst heute, während seiner Familienbesuche, ist die erste Frage, die von der einen oder anderen Frau gestellt wird, was er denn essen möchte. Während der Analyse fühlte M. sich nach bestimmten Sitzungen, die ihn anstrengten, weil er meine Eingriffe als einen Mangel mütterlicher Zuwendung empfand, für lange Zeit gezwungen, hinterher zu einem Restaurant in die Stadt zu gehen, um Süßigkeiten zu essen.

Abgesehen von der Allgegenwart der Frauen, beeindruckten mich bei M.s frühen Erinnerungen die wiederkehrenden Orte der Nacht und ihre überwiegend ertastbare Qualität. Zum Teil hängt das mit den überfüllten Räumen und öffentlichen Lebensumständen indischer Familien zusammen. Es herrscht dort gar keine Vorstellung von einer Privatsphäre – an den Luxus getrennter Schlafzimmer von Eltern und Kindern ist gar nicht zu denken. In der Hitze wenig oder unbekleidet neben einer der versorgenden Mütter zu schlafen, ein Arm oder Bein um sie geschlungen, ist wenig verwunderlich, und doch gibt es eine verstörende Erinnerung, die sich deutlich von den anderen abhebt: Diese handelt von M.s Penis, der erigiert gegen das Hinterteil seiner schlafenden Mutter drückt, und von seinem Widerwillen, wegzurücken, wobei er gegen Gefühle der Scham und Peinlichkeit ankämpfte, sie könne aufwachen und die verbotene Berührung bemerken.

Später, in seiner Jugend, werden die Mütter durch Vettern und Cousinen ersetzt, die zu Besuch kommen. Matratzen sind auf dem Boden oder auf der Dachterrasse ausgebreitet, verstohlene Körperberührungen und gelegentlich auch genitaler Kontakt, während andere Familienmitglieder schlafen oder kurz vor dem Einschlafen sind.

In diese selige Fülle mütterlichen Fleisches und eine Promiskuität der Berührung gebettet zu sein, ist jedoch ein Albtraum. Seit seiner Kindheit und bis in die Anfangszeit seiner Analyse schrie M. oft im Schlaf auf, während eine dunkle Form ihn zu umhüllen drohte. In solchen Momenten beruhigte sich M. nur und schlummerte wieder ein, wenn sein Vater ihn aufweckte und versicherte, dass alles in Ordnung sei. Der Vater, ein liebenswerter, zurückgezogener Mann, verließ das Haus früh, um zur Arbeit zu gehen und kehrte spät nach Hause zurück. Er blieb eine verschwommene Figur, die sich an den Außenrändern eines lebhaften Familienlebens bewegte.

In seinen ersten Sitzungen der Analyse sprach M. über einen sexuellen Zwang, der ihm peinlich war. Der Zwang bestand darin, in überfüllten Bussen möglichst nahe bei einer molligen Frau mittleren Alters zu stehen und sich nahe an ihre Hüften zu drängen. Für seine Erregung war es wichtig, dass die Frau mit dem Rücken zu ihm stand. Wenn sie sich jemals umdrehte, M. ansah und zu erkennen gab, dass sie sein Begehren durchschaute, ließ seine Erektion sofort nach und er wandte sich eilig, mit starken Schamgefühlen, ab. Nach seiner Heirat war sein Begehren oft am stärksten, wenn seine Frau auf der Seite, ihm den Rücken zugewandt schlief. Mit steigender Erregung rieb er sich an ihr und wollte mit ihr schlafen, noch bevor sie ganz wach war. Wenn seine Frau ihm allerdings begeistert zu verstehen gab, dass sie rege an dieser Aktivität teilhaben wolle, ejakulierte M. manchmal vorzeitig oder seine Erektion ließ sofort nach.

Aus diesen Auszügen aus M.s Fallgeschichte wird deutlich, dass sein Begehren eng mit den reglosen Körperteilen einer Frau verbunden ist – den Hüften und dem Hinterteil. Mit anderen Worten: Um erfüllt zu werden, verlangt sein Begehren, dass die Frau sexuell »tot« ist. Die Entstehung der Fantasie hängender Leichen, mit denen M. nachts Geschlechtsverkehr hat, wurzelt sowohl in der Angst vor der Sexualität der Mutter als auch in seiner Wut, dass die Erforschung seiner Umwelt als kleiner Junge beständig eingeschränkt wurde. M.s Fallgeschichte möchte ich hier allerdings nicht im Interesse einer psychoanalytischen Perspektive darstellen, sondern wegen der zentral verhandelten Thematik. M.s Hauptthematik gibt verschiedene Wege zu erkennen, denen er trotz vieler Hindernisse nachgeht, um eine idealisierte Beziehung mit dem mütterlichen Körper aufrechtzuerhalten. Dieses Thema und die faszinierenden Lösungen, die in der gestörten Mutter-Sohn-Beziehung gefundenwerden, wiederholen sich in indischen Fall- und Lebensgeschichten ständig. Boses Beobachtung bei indischen männlichen Patienten, die die »primitive Vorstellung eine Frau zu sein« in sich tragen, ist also nur eine spezifische These eines allgemeiner vorherrschenden Theorems in der indischen Kultur. Der Wunsch eine Frau zu sein, ist eine spezifische

Lösung in Bezug auf den Zwiespalt, der die fantasierte Beziehung von Mutter und Sohn zu zerstören droht. Im indischen Kontext kann diese Lösung dem Bewusstsein zugänglich gemacht werden, weil die kulturellen Einstellungen sexueller Differenzierung und Durchlässigkeit der Geschlechtsgrenzen dies erlauben. Gandhi konnte sich der Sympathie und Empfänglichkeit seines Publikums sicher sein, als er beispielsweise öffentlich kundtat, geistig eine Frau geworden zu sein. Ohne sich über Karen Horneys und anderer Abweichler der seinerzeit orthodoxen psychoanalytischen Haltung bewusst zu sein, sagte er, »es gibt genauso viele Gründe für einen Mann, sich zu wünschen als Frau geboren zu werden, wie es für Frauen umgekehrt der Fall ist«.[21]

Im indischen Kontext kann dieses besondere Thema sowohl in individuellen Lebensgeschichten als auch in kulturellen Erzählungen, die wir Mythen nennen, erforscht werden, wobei beide in der indischen Kultur sehr viel enger miteinander verwoben sind als im modernen Westen. In einer offensichtlichen Umkehrung zum westlichen Schema sind Mythen in Indien nicht Quelle intellektueller und ästhetischer Stimulierung des Mythenforschers. Sie dienen vielmehr dem emotionalen Wiedererkennen anderer – bewegender für den Patienten als für den Analytiker. Mythen in Indien sind nicht Teil einer vergangenen Epoche. Sie sind kein »gebliebenes Stück aus dem infantilen Seelenleben des Volkes«[22], wie Karl Abraham sie benannte, oder, in Freuds Worten, keine »Überreste von Wunschphantasien ganzer Nationen, die den *Säkularträumen* der jungen Menschheit entsprechen«[23]. Dynamisch und lebendig, in ihrer symbolischen Macht intakt, sind indische Mythen ein kulturelles Idiom, das dem Einzelnen im Aufbau und in der Integration seiner inneren Welt hilft. Übereinstimmend mit den Mustern der Kindesversorgung und mit Familienstrukturen und -werten, sind beliebte und bekannte Mythen isomorph mit den zentralen psychologischen Konstellationen der Kultur. Sie werden beständig erneuert und über die subjektive Erfahrungswelt bestätigt. Setzt man das Vorhandensein eines mythologischen Idioms voraus, ist es fast genauso einfach, eine Psychoanalyse wie die von M. zu

21 M.K. Gandhi (1943): To the Women. Karachi (Hingorani), S. 102.

22 K. Abraham (1909): Traum und Mythus. Eine Studie zur Völkerpsychologie. Leipzig (Deuticke), S. 72.

23 S. Freud (1908): Der Dichter und das Phantasieren. In: S. Freud: StA, Bd. X, S. 169–179, hier 178.

mythologisieren, wie eine Mythe zu analysieren; und fast genauso passend ist es, Darlegungen über intrapsychische Konflikte in mythologischer Form zu machen – beispielsweise in einer Fallgeschichte.

Ich habe anfänglich die These aufgestellt, dass der Mythos der Devi, der großen Göttin, eine »hegemonische Erzählung« der Hindu-Kultur ist. Bei den hunderten Mythen, die sich mit den unterschiedlichen Manifestationen der Devi befassen, gilt mein besonderes Interesse der Göttin als Mutter und insbesondere als Mutter ihrer Söhne Ganesha und Skanda. Bevor ich aber fortfahre, M.s persönliche Geschichte mit der größeren kulturellen Erzählung zu verknüpfen, möchte ich anmerken, dass ich die vielen regionalen Versionen dieses Mythos in traditionellen Texten und moderner Folklore hier außer Acht gelassen habe – ein Vorhaben, dass Mythenforschern und Folkloristen vorbehalten ist – und indessen die bekannteste, populärste Version des Devi-Mythos ausgewählt habe.

Die Beliebtheit der Götter Ganesha und Skanda, die psychologisch zwei unterschiedliche Positionen des indischen Sohnes repräsentieren, ist nicht zu übersehen. Ganesha, der Überwinder von Hindernissen und Gott aller Anfänge, ist möglicherweise der am meisten Verehrte der vermeintlich 330 Millionen hinduistischen Gottheiten. Ikonografisch wird er als dickbäuchiges Kleinkind mit Elefantenkopf und einem abgebrochenen Stoßzahn dargestellt. Auf Familienbildern wird er stets als kleines Kind an der Seite seiner Mutter Parvati und seines Vaters Shiva gezeigt. Sein Bild, ob in Stein gemeißelt oder auf Farbdrucken, findet sich überall: in Tempeln, Häusern, Läden, Straßenschreinen und Kalendern. Ganeshas jüngerer Bruder Skanda oder Kartikkeya hat seine eigene Gefolgschaft, insbesondere in Südindien, wo er sehr populär ist und unter dem Namen Murugan oder Subramanya verehrt wird. Anders als Ganesha ist Skanda ein gut aussehendes Kind, ein schlanker Jüngling, der viele Heldentaten vollbringt und von dem in analytischer Sprache gesagt werden könnte, dass er die phallische Position einnimmt.

Ganeshas Mythos sagt uns etwas über einen Teil von M.s innerem Leben, während Skanda den Blick auf einen anderen Teil freigibt. In vielen seiner Mythen ist Ganesha ausschließlich eine Kreation seiner Mutter Parvati. Sehnsüchtig nach einem Kind, aber ohne Shivas Unterstützung, erschafft sie ihn aus ihrem Schweiß, Körperschmutz und ihren Hautpartikeln. Wie in M.s femininen Fantasien ist auch Ganesha nicht nur der

Junge seiner Mutter, sondern ihr Wesenskern. Obgleich er wie Skanda zweifelsohne ein Mann ist, ist M. in eine Welt von Müttern eingebettet, die eine indische Großfamilie für ein Kind hervorbringt. Skanda wiederum ist, wie M., ein Kind mehrerer Mütter: Der Same seines Vaters Shiva war zu mächtig, um von einer einzigen Frau aufgenommen zu werden, und wanderte daher von Schoß zu Schoß, bevor Skanda geboren wurde. M.s Heißhunger auf Süßigkeiten, um ein Wohlgefühl wiederherzustellen, ähnelt Ganeshas Appetit auf *Modakas*, die süßen Weizen- oder Reisbällchen, die Gläubige dem Gott in großen Mengen opfern, wissend, dass er nie genug bekommt, dass sein Magen sich so schnell leert wie er gefüllt wird.[24] Denn wie für den schlanken M. sind die Süßigkeiten des dicken Gottes ein Lebensband zur Mutterbrust; sie verkörpern seinen Hunger nach dem mütterlichen Körper – eine Sehnsucht, die trotz temporärer Befriedigung zum Scheitern verurteilt ist. M. ähnelt Ganesha weiterhin darin, dass er aus seiner frühen Kindheit mit einer großen Beziehungsfähigkeit zu anderen hervorgegangen ist.

Mit der Zuspitzung von M.s Dilemma in Bezug auf seine Mutter, die ein Kind aufgrund entwicklungsbedingter Veränderungen dazu bewegt, seine äußere Welt zu entdecken, während es gleichzeitig zunehmend vertrauter mit seiner äußeren biologischen Identität als Mann wird, beginnen Ganesha und Skanda zunehmend führende Rollen zu übernehmen. In einer Version, die sowohl in Südindien als auch Sri Lanka bekannt ist, wird der Mythos in der folgenden Weise erzählt:

Eine Mango trieb einen Fluss hinunter und da sagte die Mutter Uma (Parvati) zu ihren Söhnen, dass derjenige sie bekäme, der als erster das Universum umkreist habe (in anderen Versionen geht es um Modakas oder Ehefrauen). Skanda bestieg spontan seinen goldenen Pfau und machte sich auf die Reise um das Universum. Ganesha aber, dessen Fortbewegungsmittel eine Ratte sein sollte, war weiser. Er überlegte, was seine Mutter damit gemeint haben könnte. Schließlich umkreiste er seine Mutter, verehrte sie und sagte: »Ich habe mein Universum umkreist.« Er bekam die Mango. Skanda war bei seiner Heimkehr wütend und beanspruchte die Mango für sich. Bevor er sie sich aber nehmen konnte, biss Ganesha hinein und brach sich dabei einen seiner Stoßzähne ab.[25]

24 P. Courtright (1986): Ganesa. New York (Oxford University Press), S. 114.

25 G. Obeyesekere (1984): The Cult of Pattini. Chicago (University of Chicago Press), S. 471.

In dieser Geschichte sind Ganesha und Skanda Verkörperungen zweier gegensätzlicher Wünsche des heranwachsenden Kindes unmittelbar vor Eintritt des Ödipuskomplexes. Es ist hin- und hergerissen von dem starken Drang, unabhängig und autonom zu funktionieren, und dem ebenso drängenden Wunsch, wieder in der mütterlichen Verschmelzung zu versinken, aus der er gerade hervorgegangen ist. Wenn es dem Drängen nach Individuation und Unabhängigkeit nachgibt, unterliegt es – wie Skanda – der Bestrafung, von der freigiebigen Gegenwart der Mutter verstoßen zu sein, wird aber mit einer Art Versprechen belohnt, ein handlungsfähiger, potenter Mann zu werden. Die Rückkehr zur Mutter – und ich würde Ganeshas Essen der Mango mit der Mutterbrust gleichsetzen, zumal wir wissen, dass Mango und Mutterbrust in Tamil Nadu eine verbreitete Analogie ist[26] – hat den abgebrochenen Stoßzahn zur Folge, den Verlust potenzieller Männlichkeit. Ganeshas Lohn, nämlich ein Kleinkind zu bleiben, führt andererseits dazu, dass er nie den Trennungsschmerz von der Mutter erleben muss, nie die Verzweiflung ihrer Abwesenheit. Dass Ganeshas Los höher bewertet wird als Skandas, verweist möglicherweise auf die kulturelle Präferenz, die ein indischer Mann im Dilemma zwischen Verschmelzung und Trennung/Individuation bevorzugt. Er ist mit dem Mutterwunsch einverstanden, in der Verschmelzung und der gemeinsamen Anima zu verbleiben.[27] Wie wir gesehen haben, hat M. Ganeshas Position oft herbeigewünscht und ist manchmal in seiner Fantasie in sie zurückgeschlüpft. Das hat allerdings zu keiner anhaltenden Lösung des Problems geführt, das phallische Begehren bei einer gleichzeitig überwältigenden inneren Gegenwart der großen Mutter (Devi) aufrechterhalten zu können. Nun sei auf Skandas Auftritt eingegangen: Nachdem er den Dämon Taraka, der die Götter terrorisierte, getötet hatte, wurde die Göttin gegenüber ihrem Sohn recht nachsichtig und bat ihn, sich zu amüsieren, wie es ihm gefalle. Skanda aber wurde unberechenbar, seine Lust nahm Überhand. Er schlief mit den Ehefrauen der Götter und die Götter konnten ihn nicht davon abhalten. Als sie sich bei der Devi darüber beklagten, entschloss sie sich dazu, jeweils die Form derjenigen Frau anzunehmen, die Skanda gerade zu verführen versuchte. Skanda

26 M. Trawick (1992): Notes on Love in a Tamil Family. Berkeley (University of California Press), S. 97.

27 S. Kakar (1987): Psychoanalysis and anthropology: a renewed alliance. Contributions to Indian Sociology 21, S. 85–88, hier S. 85ff.

näherte sich einer Ehefrau nach der anderen, aber in jeder sah er seine Mutter und wurde lustlos. Er dachte, dass das Universum ausschließlich aus seiner eigenen Mutter bestünde und entschied sich daher, für den Rest seines Lebens unverheiratet zu bleiben.

Auch M. wurde lustlos, wenn sich die von ihm begehrte mütterliche Frau im Bus umdrehte und ihn ansah. Aber anstelle eines Zölibats versuchte er, das Begehren aufrechtzuerhalten, indem er den sexuellen Teil der Mutter tötete, nämlich den unteren Teil ihres Rumpfes abtötete, der ihn in seiner Potenz bedrohte. Auch wird die imaginierte sexuelle Übermacht der Mutter, der sich ein Kind ausgeliefert und in keiner Weise gewachsen fühlt, und die in ihm die Angst auslöst, von ihren dunklen Tiefen verschlungen zu werden, von M. nicht als klare und deutliche Fantasie erlebt, sondern als wiederkehrender Albtraum, aus dem er schreiend erwacht. An anderer Stelle habe ich mich ausführlich mit der machtvollen sexuellen Mutter in Hindu-Mythen, im Volksglauben, in Sprichwörtern, bei Symptomen von Patienten und in der rituellen Verehrung der Göttin in ihrer schreckenerregenden Form befasst.[28] Hier werde ich nur einen der bekannteren Devi-Mythen erzählen – den Mythos von Devi und dem Dämon Mahisasura –, der in Indien in Form von Skulpturen und Malereien weit verbreitet ist. Durch die Sprache des Mythos, der das Konkrete durch Bild und Symbol hervorhebt, werden dem Kind einige der Eigenschaften dieser spezifischen mütterlichen Form vermittelt, die in ihm gleichermaßen Ehrfurcht und Schrecken auslösen.

Der Dämon Mahisasura hatte die drei Welten erobert. Als er sich in die Große Göttin verliebte, schickte er ihr eine Nachricht, um sein Begehren kundzutun. Devi antwortete, dass sie nur jemanden als Ehegatten akzeptiere, der sie im Kampf besiegte. Mahisasura betrat das Schlachtfeld mit einer riesigen Armee und Massen an Ausrüstung und Waffen. Devi kam allein, auf ihrem Löwen reitend. Die Götter waren überrascht, dass sie nackt und ohne Rüstung zum Kampf ritt. Sie stieg von ihrem Löwen und begann einen wilden Tanz, wobei sie im Rhythmus ihrer Bewegungen Millionen von Dämonen mit ihrem Schwert köpfte. Mahisasura, der seinen Tod kommen sah, versuchte wegzulaufen, indem er sich in einen

28 Siehe das zweite Kapitel in S. Kakar (1978): The Inner World: A Psychoanalytic Study of Childhood and Society in India. Delhi, New York (Oxford University Press). Dt. (2003): Kindheit und Gesellschaft in Indien. Frankfurt (Stroemfeld).

Elefanten verwandelte. Devi schlug ihm den Rüssel ab. Der Elefant verwandelte sich jedoch sogleich in einen Stier, mit dessen dicker Haut Schwert und Speer zu nutzlosen Gegenständen wurden. Wütend sprang Devi auf den Rücken des Stiers und ritt ihn solange, bis er ermüdete. Als die Widerstände des Stiers aus Erschöpfung nachließen, tötete sie den Dämon, indem sie ihren Speer in sein Ohr stieß.

Der Mythos ist in seiner Unmittelbarkeit leicht zu durchschauen und benötigt keinen weiteren Kommentar der Omnipotenz und sexuellen Kraft der Göttin. Diese zeigt sich in der Beschreibung ganz deutlich: Sie reitet und tanzt nackt auf ihrem Löwen, köpft (das heißt: kastriert) Millionen »böser Buben« mit dämonischen Begierden und zwingt selbst den mächtigsten Dämon zur Erschöpfung, bis sich dieser kläglich unterwirft und stirbt. Die einzige Besonderheit des Mythos, die ich an dieser Stelle hervorheben möchte und die sowohl in M.s Fallgeschichte wie auch in den Mythen, die ich hier erzählt habe, nicht vorkommt, ist der Gesichtspunkt, dass die Schwert und Speer wirbelnde Devi eine phallische Mutter ist. Im indischen Kontext scheint diese Fantasie sich eher auf Chasseguet-Smirgels Annahme zu beziehen, dass die phallische Mutter ein Leugnen der mütterlichen Vagina zu sein scheint und die Unzulänglichkeit, die sie auslöst, an die Stelle der traditionellen Interpretation eines Leugnens der Kastrationsangst tritt.[29] Weiterhin würde ich das Bild der wilden Göttin als eine Mischung aus Mann und Frau interpretieren (oder Shiva als ardha-narishvara, halb Frau, halb Mann), in der sich die Wünsche des Jungen verbinden, nämlich ein Mann zu werden, ohne sich von der Mutter zu trennen und sexuell abzugrenzen, also männliche sexuelle Attribute anzunehmen, ohne die weibliche Form loszulassen.

Der Mythos fährt so fort, dass Devis wilder Tanz nicht nachließ, auch nicht nachdem sie den Büffeldämon getötet hatte. Die Götter wurden unruhig und baten Shiva um Hilfe. Shiva ging daraufhin zu Devis Schlachtfeld und legte sich auf den Rücken. Als die Göttin merkte, dass sie auf Shiva, ihrem Gatten, herumtrampelte, streckte sie vor Scham die Zunge heraus und hörte zu tanzen auf. Wie M.s liebenswerter und etwas zurückgezogener Vater, der als einziger helfen konnte, die Wirkung der

29 J. Chasseguet-Smirgel (1964): Feminine guilt and the Oedipus complex. In: J. Chasseguet-Smirgel (Hg.): Female Sexuality. Ann Arbor (University Michigan Press), S. 93–134.

Albträume zu mildern, betritt auch Shiva die Bildfläche unterwürfig, aber dennoch fähig, die Macht und Kraft der Muttergöttin aufzufangen. Mit anderen Worten: Der Vater mag bescheiden und zurückgezogen sein, er ist aber dennoch machtvoll. Der Vater wird vom Sohn zuerst als Verbündeter und Beschützer erfahren, oder sogar als Mit-Opfer und erst viel später als Rivale. Die Rivalität ist in indischen Mythen und in den meisten Fallgeschichten weniger die des Ödipus – die Macht des Ödipus-Mythos nährt sich aus den Schuldgefühlen des Sohnes in Bezug auf einen fantasierten und schließlich unbewussten Vatermord. Im indischen Kontext wird der Neid des Vaters auf das, was dem Sohn gehört – einschließlich der Mutter –, und somit die Verfolgungsangst des Sohnes in der Vater-Sohn-Beziehung stärker betont. Die Beziehung ist entsprechend mit Angst vor dem Kindsmord aufgeladen und die Lösung dieser Vater-Sohn-Rivalität ist die Kastration des Sohnes durch sich selbst oder den Vater. Ganeshas Enthauptung durch Shiva, als dieser auf den ausdrücklichen Wunsch seiner Mutter Parvati ihre Privaträume bewacht, während sie ein Bad nimmt, und der Austausch seines Kopfes mit dem eines Elefanten oder die Legenden von Bhishma und Puru, die der Sexualität entsagten, um sich die Liebe ihres Vaters zu erhalten, sind nur einige der bekannteren Beispiele.[30] Aber das Schicksal von Vätern und Söhnen, Familien und Töchtern sind andere Geschichten – Geschichten, die noch erzählt, Texte, die erst geschrieben werden müssen.

Kultur und menschliche Entwicklung

Kulturelle Ideen und Ideale, die sich in ihrer erzählerischen Form als Mythen manifestieren, durchdringen die innerste Erfahrung des Selbst. Man kann daher nicht von einer »früheren« oder »tieferen« Schicht des Selbst jenseits der kulturellen Reichweite sprechen. Als eine »Tiefenpsychologie« taucht die Psychoanalyse zwar tief, aber sie taucht in denselben Gewässern, in denen auch der kulturelle Fluss fließt. Die Psychoanalyse hatte wenig Gelegenheit, von innen und mit Empathie die tieferen Schichten anderer kultureller Mythen in die Psyche mit einzubeziehen,

30 S. Kakar & J.M. Ross (1986): Tales of Love, Sex and Danger. London (Unwin Hyman), S. 115–117. Dt. (1986): Über die Liebe und die Abgründe des Gefühls. München (Beck).

da sie in ihrem Kern aus westlichen Mythen genährt wird – von den altgriechischen Mythen bis hin zu den »Illusionen« der Aufklärung.

Die Fragen, die sich auf das »Wie« des Prozesses beziehen, hängen zusammen mit dem breiten Thema der Beziehung der inneren und äußeren Welten – das in der Psychologie und Philosophie von jeher auf großes Interesse stößt. Es ist nicht meine Absicht, diese Fragen hier vertiefend zu behandeln. Ich möchte nur darauf hinweisen, dass der Einfluss der *Kultur* auf die Entwicklung der Identität – in moderner Sprache auf die Konstruktion des Selbst – gewöhnlich unterschätzt wird. Es gibt natürlich einige bemerkenswerte Ausnahmen, wie Erik Erikson, der die Vorstellung einer Psychoanalyse, die kultiviert genug ist, die Umwelt mit einzubeziehen, sowohl emporhielt als auch bedeutend zu ihr beitrug.[31] Freuds Zeitplan der menschlichen Entwicklung, demzufolge die Kultur relativ spät in die psychische Struktur als »Ideologie des Über-Ichs« eingeht,[32] wurde von anderen immer wieder unkritisch befolgt. Selbst Heinz Kohut, wie Janis Long aufzeigte, hält sich nicht ganz an die logischen Schlussfolgerungen seines eigenen Konzepts des »Selbstobjekts«.[33] Kohut folgt selbst dort Freuds Zeitplan, wo er von einem »Kultur-Selbstobjekt« im späteren Leben spricht. Meine Auffassung, dass die Konstruktion und Erfahrung des Selbst von Anfang an sehr stark von der Kultur beeinflusst ist, impliziert nicht, dass es keinen Unterschied zwischen individuellem Gesicht und kultureller Maske gibt oder keine Grenzen zwischen innerer und äußerer Welt. Die Spannung zwischen beiden gibt der Psychoanalyse und der Literatur einen Großteil ihrer erzählerischen Kraft. Ich möchte an dieser Stelle lediglich betonen, dass die Grenzen zwischen der inneren und äußeren Welt weder in der Zeit noch im psychischen Raum fixiert werden können. Sie sind dynamisch, beweglich und verändern sich beständig.

31 E.H. Erikson (1950): Childhood and Society. New York (Norton). Dt. (1965): Kindheit und Gesellschaft. Stuttgart (Klett).

32 S. Freud (1933): Neue Folge der Vorlesungen zur Einführung in die Psychoanalyse. In: S. Freud: StA, Bd. I, S. 448–608, hier S. 505.

33 J. Long (1986): Culture, selfobject and the cohesive self. Unveröffentlichter Aufsatz.

III. Klinische Arbeit und Kulturelle Imagination

Die stets wiederkehrende Frage nach der kulturübergreifenden Gültigkeit der Psychoanalyse hat in intellektuellen Kreisen immer schon starkes Interesse erregt. Es geht hierbei im Wesentlichen um zwei Fragen, nämlich erstens: Kann die Psychoanalyse in einer traditionellen, nicht-westlichen Gesellschaft mit ihren andersartigen Familiensystemen, religiösen Glaubensinhalten und kulturellen Werten überhaupt praktiziert werden? Und zweitens: Unterscheidet sich das Seelenleben nicht-westlicher Patienten radikal von jenem westlicher Patienten? In meinen Vorträgen mit unterschiedlichsten Zuhörern in Europa und in den Vereinigten Staaten standen diese Fragen unverändert im Mittelpunkt lebhafter Diskussionen. Die zunehmende Skepsis, die sich während der letzten 20 Jahre in Bezug auf die kulturübergreifende Gültigkeit der Psychoanalyse entwickelt hat, korreliert mit dem Aufkommen des Relativismus in den Humanwissenschaften. Aus intellektueller Perspektive ist der Auftrieb dieser relativistischen Position Foucaults maßgebender Argumentation zu verdanken, dass alles Denken in der Geschichte und Kultur verankert ist – wie auch in den herrschenden Machtverhältnissen. Verfechter dieses Standpunkts sind nicht a priori bereit, zu akzeptieren, dass die Psychoanalyse – ein Produkt bürgerlicher Familien- und Gesellschaftsverhältnisse des europäischen 19. Jahrhunderts – eine Ausnahme ist. Mit anderen Worten: Auch das psychoanalytische Denken ist nicht in der Lage, die eigenen Wurzeln zu transzendieren. In diesem Aufsatz möchte ich die kulturelle Verwurzelung der Psychoanalyse anhand von Beispielen aus meiner klinischen Praxis in Indien zur Diskussion stellen.

Ramnath war 51 Jahre alt und Inhaber eines Lebensmittelladens im ältesten Teil Delhis, als er mich aufsuchte. Er litt unter einer Vielzahl an Beschwerden, obwohl er mich nur wegen einer um Hilfe bat – einer unspezifischen Angst. Diese Ängstlichkeit, die ihn ca. drei Jahre zuvor überkommen hatte, war eine relativ junge Entwicklung im Vergleich zu seinen Migräneattacken, die bis in seine Jugend zurückreichten. Ramnath schrieb letztere einem Übermaß an »Luft im Bauch« zu, die periodisch aufsteige und gegen die Blutbahnen im Kopf drücke. Er hatte schon immer einen nervösen Magen gehabt. Die Migräne sei jetzt aber nicht so schlimm wie in den Monaten nach seiner Heirat, die, als er zu mir kam, gut 30 Jahre zurücklag. Damals war die Migräne begleitet von schweren Magenkrämpfen und starker Gewichtsabnahme. Zunächst war er von seinem Vater ins Krankenhaus gebracht und dort untersucht und geröntgt worden. Da die Ärzte nichts Besonderes feststellen konnten, wurden ihm Vitamine und Stärkungsmittel verschrieben, die wenig nützten. Ältere Familienangehörige rieten ihm schließlich, zu einem lokalen Heiler – einem *ojha* – zu gehen. Diesen mit harmlosen Methoden arbeitenden Spezialisten des rituellen Exorzismus als »Hexenmeister« zu umschreiben, wäre übertrieben und unzutreffend. Der Heiler diagnostizierte, dass ein Feind, nämlich Ramnaths neuer Schwiegervater, ihn mit einem Zauber verhext habe. Die Rituale, die dem feindlichen Zauber entgegenwirken sollten, waren teuer, wie auch das Brechmittel, eine gelbliche Flüssigkeit, das ihm der Heiler verschrieben hatte und das dazu führte, dass Ramnath sich in regelmäßigen Abständen mit krampfhaftem Würgen übergab. Entscheidend aber war, dass Ramnath innerhalb von zwei Monaten völlig geheilt wurde und die Magenkrämpfe und Gewichtsabnahme nicht wieder auftraten.

Bevor Ramnath mich wegen seiner Angstzustände aufsuchte, war er von verschiedenen Ärzten mit Medikamenten behandelt worden. Er war zu Allopathen gegangen (so werden Ärzte westlicher Prägung in Indien genannt), zu Homöopathen, zu den Heilern *(vaids)* der Hindu-Heilkunde und zu *hakims* der muslimischen traditionellen Medizin. Er hatte Psychiater konsultiert, Psychopharmaka eingenommen und eine Therapie gemacht. Er hatte sich den Ritualen zweier *ojhas* unterzogen und er hatte vor, einen dritten aufzusuchen, der ihm wärmstens empfohlen worden war.

Erleichterung verschaffte ihm nur die wöchentliche Versammlung bei einer spirituellen Ortsgruppe, den *Brahma Kumaris* (wörtlich: »die Jungfrauen Brahmas«), der er sich kurze Zeit vor unserer Begegnung angeschlossen hatte. Das gemeinschaftliche Singen und Meditieren gab ihm ein Gefühl zeitweiligen Friedens, sodass seine Nächte weniger unruhig waren. Ramnath verstand seine anhaltenden Angstzustände und deren Symptome nicht. Er habe stets versucht, ein guter Mensch zu sein, seinen *dharma* befolgt, womit auf das »richtige Verhalten« innerhalb der Kaste angespielt wird, wie auch auf die Grenzen und Prädispositionen, die einem Menschen mit seiner Geburt auferlegt sind. Er hatte regelmäßig zu den Göttern gebetet und Andachten im Tempel beigewohnt – selbst einen großzügigen Beitrag für die Einweihung einer Krishna-Statue in seinem Heimatdorf in Rajasthan hatte er geleistet. Er habe keinerlei schlechte Angewohnheiten, versicherte er, mit Ausnahme von Tee und Zigaretten, aber für einige Jahre habe er selbst diesen kleinen vergnüglichen Süchten abgeschworen. Doch die Angst blieb, beharrlich und unvermindert.

Da die Kultur hier mehr als die Psyche im Mittelpunkt meiner Betrachtungen steht, möchte ich eine kulturelle Analyse von Ramnaths Zustand in den Vordergrund rücken und nicht eine psychoanalytische Deutung. Auf den ersten Blick scheint Ramnaths kognitiver Horizont in Bezug auf Krankheit und Gesundheit sehr wirr zu sein. Götter und Geister, Gemeinschaft und Familie, Essen und Trinken, Angewohnheiten und Charaktereigenschaften – alle scheinen irgendwie eng mit der Aufrechterhaltung seiner Gesundheit zu tun zu haben. Dennoch verweisen diese und andere Faktoren wie körperliche Infektionen, soziale Verhältnisse und göttlicher Missmut – Aspekte, die andere Hindus als Ursache einer schlechten Gesundheit betrachten würden – nur darauf, dass der Mensch in gleichzeitigen Seinsebenen existiert; er ist gleichzeitig Körper, Seele und ein soziales Wesen. Ramnaths Erleben seiner Krankheit mag Europäern vielleicht deswegen fremd erscheinen, weil Körper, Seele und Gemeinschaft in unterschiedlichen Kulturen unterschiedliche Bedeutung erfahren, also nicht fest und unveränderlich sind.[34] Die Vorstellung vom Körper und das Verständnis von Körperprozessen hat in Indien eine andere Konnotation als im Westen. Für den Hindu ist der Körper, der

34 Für eine ausführliche Erläuterung siehe das achte Kapitel in S. Kakar (2006): Schamanen, Mystiker und Ärzte (a.a.O.).

in einschlägigen Kulturtexten oft in Metaphern der vegetativen Welt beschrieben wird, viel enger mit dem Kosmos verbunden als die klar umrissenen Körperkonturen der westlichen Vorstellungswelt, in welcher der Körper deutlich von anderen Objekten des Universums abgegrenzt wird. Im Körperbild der Hindus wird ein unablässiger Austausch zwischen Körper und Umwelt betont, wobei im Körper gleichzeitig Veränderungen stattfinden, die diesen Prozess kontinuierlich begleiten. In Indien wird die Seele – von den Hindus als »feinstofflicher Körper« bezeichnet – nicht als eine vorwiegend psychische Kategorie verstanden. Sie steht eher dem altgriechischen Begriff der »Psyche« nahe, denn sie wird als eine Quelle aller vitalen Aktivitäten und aller seelischen Prozesse angenommen, wobei ihr die Kraft zugeschrieben wird, im körperlosen Zustand nach dem Tode fortzudauern. Entsprechend gehören für viele Inder nicht nur die lebenden Mitglieder der Familie und der sozialen Gruppe zu ihrer Gemeinschaft, sondern auch die Geister der Ahnen sowie andere Geister, Götter und Göttinnen, die den hinduistischen Kosmos bevölkern. Ein Inder neigt zu dem Glauben, dass seine Krankheit Ausdruck einer Störung in einer dieser Seinsebenen ist, während die Symptome sich genauso auch in den anderen Seinsebenen manifestieren können. Wenn eine Behandlung – beispielsweise auf der körperlichen Ebene – fehlschlägt, ist man bereit, die Ursache der Krankheit einer anderen Ebene zuzuordnen und sich ihren spezifischen Heilungsvorschriften – etwa Gebeten und Austreibungen – zu unterwerfen, ohne dass andere Behandlungsmethoden deshalb weniger geschätzt werden.

Indem alle Seinsebenen am Gesundheits- und Krankheitszustand eines Menschen beteiligt sind, ist ein Inder grundsätzlich bereit, mehr als eine Ursache für eine Krankheit in Betracht zu ziehen, insbesondere bei hartnäckigen Fällen. Er tendiert dazu, diese Ursachen als einander ergänzend statt einander ausschließend zu betrachten und ordnet sie in einer hierarchischen Reihenfolge, in der sowohl die unmittelbare als auch andere, entferntere Ursachen ihren Platz finden. Diese Anordnung erfolgt in konzentrischen Kreisen, d.h., die äußeren Kreise schließen die inneren mit ein.

Um mit meinem Fallbeispiel fortzufahren: Ramnath hat seit seiner Jugend an Migräneanfällen gelitten. Ärzte der traditionellen Hindu-Medizin (dem Ayurveda) hatten als Ursache ein gestörtes Gleichgewicht der Körpersäfte diagnostiziert (humorales Ungleichgewicht) – ein Übermaß an »Wind« im Bauch, der in regelmäßigen Abständen aufsteige und gegen die Blutbahnen in seinem Kopf drücke. Sie hatten ayurvedische Medikamente, Ernährungsbeschränkungen und großzügige Dosierungen Aspirin verordnet. Im Allgemeinen geht man davon aus, dass ein solches gestörtes Gleichgewicht durch ungesunde Gewohnheiten entsteht, die ihrerseits erfordern, dass man sein Verhalten langfristig ändern muss. Wenn eine Krankheit wie die Ramnaths andauert, wird diese Hartnäckigkeit mit ungünstigen astrologischen Faktoren in Verbindung gebracht, was Linderungsmaßnahmen wie eine bestimmte Anzahl von Gebeten *(puja)* erfordert. Der astrologische »Fehler« wird dann aller Wahrscheinlichkeit nach auf schlechtes Karma in einem früheren Leben zurückgeführt, sodass man – wie in Ramnaths Fall – letztendlich nicht viel machen kann, außer vielleicht einen Stoizismus zu kultivieren mithilfe der spirituellen Gruppe, der Brahma Kumaris.

Ramnath kam dreimal wöchentlich für insgesamt 21 Sitzungen zur psychoanalytischen Therapie, bevor er beschloss, die Behandlung abzubrechen. Obwohl ich mir meiner Mängel als damals frisch gebackener Analytiker durchaus bewusst war, gab ich zu jener Zeit dem Patienten oder – genauer gesagt – den an seiner Entscheidung beteiligten kulturellen Faktoren die Schuld für das Scheitern der Therapie. Einige dieser Faktoren waren offenkundig. Ramnath hatte mir einen Platz zugewiesen, der normalerweise einem persönlichen Guru vorbehalten ist. Er hatte von Anfang an nicht eine »vertragliche« Arzt-Patient-Beziehung im Blick, sondern eine viel intimere Guru-Schüler-Bindung, die ihm erlauben würde, die Verantwortung für sein Leben abzugeben. Es entmutigte ihn zunehmend, dass ich als Psychoanalytiker keine weisen Ratschläge erteilte, sondern erwartete, dass der Patient redete, und dass ich lieber seiner Führung folgen wollte, statt meine eigenen Ansichten und meinen Rat dem Verlauf der Sitzungen aufzuerlegen. Hinzu kam, dass mein Verhalten nicht dem Guru-Schüler-Modell entsprach, da letzteres verlangt, Mitgefühl, Interesse, Wärme und Verantwortung viel offener auszudrücken, als es meines Erachtens in einer psychoanalytischen Beziehung möglich oder wünschenswert war. Mir war damals nicht klar, dass Ramnaths »Guru-Fantasie« – die Sehnsucht nach irgendjemanden, der die Wunden, die er in allen früheren Beziehungen erlitten hatte, heilen und die Trübungen seiner Seele reinigen würde, damit diese in ihrem ursprünglichen Zustand erglänzen könne – nichts mit seinem »Indisch-Sein« zu tun hatte, sondern in vielen Kulturen zu finden ist. Ungeachtet ihres bewussten Gleichheitsanspruchs und einer eher vertragsmäßigen Arzt-Patient-Beziehung, gingen auch meine europäischen und amerikanischen Patienten mit einer ausgeprägten Guru-Fantasie an die Analyse und den Analytiker heran, sie war jedoch versteckter und dem Bewusstsein nicht so zugänglich wie in Ramnaths Fall.

Heute ist mir klar, dass die Analyse mehr durch meine Enttäuschung als durch Ramnaths Erwartungen ins Schwimmen geraten war: Ich hatte erwartet, dass Ramnath sich als ein Individuum entpuppt, dessen Bewusstsein in dem gleichen Schmelztiegel geformt worden war, wie das Bewusstsein der Europäer, das zu Beginn der Aufklärung als Teil der psychologischen Revolution entstanden war. Diese psychologische Revolution hat die alten, metaphysischen Geistesvorstellungen in Europa eingeengt: Geist wurde nun als isolierte Insel individuellen Bewusstseins verstanden, der sich seiner nahezu grenzenlosen Subjektivität und seiner infantilen Neigung zu unbedachten Projektionen und Illusionen zutiefst bewusst ist. Psychoanalyse zu praktizieren, glaubte ich mit gewissem Recht, sei nur mit einem Menschen möglich, der auf diese besondere Art und Weise individuell sei, der auf einer bestimmten Ebene des Bewusstseins und mit einem minimalen Grad diese moderne Sicht menschlichen Erlebens teilte, der zufolge jeder von uns in seiner eigenen, subjektiven Welt lebt, seinen persönlichen Vergnügungen und privaten Fantasien nachgeht und sich ein Schicksal aufbaut, das mit seinem Tod endet. Abgesehen von ihren unterschiedlichen Neurosen und Charakterstörungen, hören sich die Fallgeschichten von Analysanden in den meisten psychoanalytischen Fachzeitschriften, ganz gleich ob in westlichen oder nicht-westlichen Gesellschaften, ziemlich gleich an, was sich damit begründen lässt, dass sie alle die Weltanschauung der Aufklärung bezüglich der Konstituierung des Individuums teilen. Grundsätzlich hat die Psychoanalyse keinen kulturübergreifenden Kontext: Sie findet vielmehr durch die unterschiedlichen Gesellschaften hindurch in derselben Kultur statt, nämlich in den Enklaven der psychologischen Moderne rund um die Welt. Deshalb lässt sich nachvollziehen, warum die Psychoanalyse in Kalkutta ihren Anfang nahm, der ersten Hauptstadt des britischen Imperiums in Indien. Hier begann man sich mit dem aufklärerischen Denken Europas zu beschäftigen, bevor es sich auf Bombay ausweitete, einer Stadt, die sich bis heute ihres kosmopolitischen Charakters und ihrer kulturellen »Modernität« rühmt. Es ist auch nachvollziehbar, dass sich die Klientel der Psychoanalyse in Indien maßgeblich (wenn auch nicht vollständig) aus modernen Berufsgruppen zusammensetzt, also Menschen und ihre Familienangehörigen, die im Journalismus, der Werbung, in den Hochschulen, in der Medizin, im Rechtswesen und anderen modernen Berufen tätig sind. Diese Klientel unterscheidet sich zumindest in ihrem soziologischen Profil nicht sonderlich von der Klientel, das in Europa oder den USA eine psychoanalytische Therapie aufsuchen würde.

Ramnath, so dachte ich, war in diesem Sinne kein Individuum, da es ihm an Verständnis der »psychologischen Modernität« mangelte. Er hatte standhaft versucht, das psychoanalytische Denkmodell des in der individuellen Lebensgeschichte wurzelnden inneren Konflikts zu verstehen, das in meinen gelegentlichen Interventionen durchschimmerte. Es war klar, dass diese Vorstellungswelt seinem kulturellen Denkmodell seelischer Not und Heilung zuwiderlief, das die Ursachen seines Leidens außerhalb seiner selbst ansiedelte und diese kaum mit seiner persönlichen Biografie zusammenbrachte: Es waren schwarze Magie von Seiten seines Schwiegervaters, gestörte planetarische Konstellationen, schlechtes Karma aus früheren Leben und ein gestörtes Gleichgewicht der Körpersäfte. Insofern war er für eine psychoanalytische Therapie nicht geeignet und vielleicht hatte ich ihn bereits aufgegeben, bevor er mich aufgab. Wie ich allerdings später realisierte, hatte Ramnath, wie auch viele meiner anderen traditionellen Hindu-Patienten, eine Individualität, die im hinduistischen kulturellen Universum eingebettet ist und sich entsprechend Ausdruck verschafft. Diese Individualität ist für die Psychoanalyse erreichbar, wenn der Analytiker bereit und dazu in der Lage ist, die erforderlichen Brücken von einem modernen Verständnis zu einem traditionsgebundenen Verständnis von Individualität zu bauen. Ein indischer Analytiker muss darauf vorbereitet sein, die aktuellen Probleme eines solchen Patienten, der diese beispielsweise mit seinem schlechten Karma verbindet, nicht in Bezug auf ein früheres Leben zu interpretieren, sondern in Bezug auf sein »vergessenes Leben«, also seine Kindheit und Jugend – seiner Vorgeschichte sozusagen. Ich möchte an dieser Stelle das Wesen der psychologischen Moderne weiter ausführen, das sowohl von modernen als auch traditionellen Individuen geteilt wird.

Die psychologische Moderne ist, auch wenn man sie eng mit der Postmoderne in Verbindung bringen kann, keineswegs mit ihr identisch.

Der Kern der psychologischen Moderne ist eher die Internalisierung als die Externalisierung. Ich verstehe den Begriff Internalisierung hier als Empfindungsweise einer Psyche im altgriechischen Sinne, eine stärker nach innen gerichtete Animation. Erfahrungsgemäß bedeutet eine solche Internalisierung, dass man sich darüber bewusst ist, Geist in seiner ganzen Vielschichtigkeit zu besitzen. Es ist die Anerkennung einer Subjektivität (ganz gleich wie vage, widerwillig oder widersprüchlich), die einen dazu verurteilt, wiederholt an bestimmten Gefühlslagen zu leiden. In der Psychoanalyse sind diese Vorstellungen und Gefühle mörderische Wut, Neid und besitzergreifendes Verlangen, das diejenigen, die man liebt, zerstören und am Leben erhalten soll. Zugleich herrscht auf einer gewissen Bewusstseinsebene die Einsicht vor, dass der Geist helfen kann, verwirrende Gedanken aufzufangen und zu verarbeiten, etwas, das auch die Familie oder Gruppengemeinschaft leisten kann[35]. Nach hinduistischem Verständnis bedeutet das, dem feinstofflichen Körper *(sukhshmasharira)* die Vorrangstellung im menschlichen Handeln und Leiden einzuräumen, wobei das Leiden durch die fünf Leidenschaften (sexuelles Verlangen, Wut, Gier, Verblendung und Egoismus) verursacht wird. Die Buddhisten verstehen menschliches Leiden in ähnlicher Weise, nämlich als Folge von inneren Ursachen: kognitive Faktoren wie Wahrnehmungstrübungen, die zu einer verschobenen Wahrnehmung von Objekten führen, als auch affektive Faktoren wie Erregung und Sorge (die Grundbeschaffenheit von Angst und Habgier, Geiz und Neid), die ihrerseits »besitzergreifende Anhaftung« bewirken.

Die *Internalisierung*, die Hindus schon immer als Wesenszug »fortgeschrittener Seelen« betrachteten, ist die Essenz der »Individuation« und der psychologischen Moderne. Die Tatsache, dass dieser Kern der Individuation in traditionellen Kulturen eher in religiösen als in psychologischen Begriffen ausgedrückt wird, sollte uns nicht daran hindern, seine Bedeutung als ein Ideal der Reife in diesen Kulturen zu erkennen. Man sollte endlich damit aufhören, Indien oder irgendeine andere Kultur so zu charakterisieren beziehungsweise zu pathologisieren, als werde dort das individuelle Seelenleben von einer Art »Familienselbst«[36]oder

35 Vgl. auch C. Bollas (1982): Being a Character: Psychoanalysis and Self-experience. New York (Hill and Wang).

36 A. Roland (1990): In Search of Self in India and Japan. Princeton (Princeton University Press).

Gruppengeist[37] regiert. Eine »fortgeschrittene Seele« im Hinduismus, die damals wie heute wenig mit der Postmoderne des Westens zu tun hat, versteht beispielsweise den Epos *Mahabharata* als eine Darstellung innerer Konflikte der menschlichen Seele und nicht als Erzählung äußerer Kriegshandlungen. Die »fortgeschrittenen Seelen«, einschließlich der angesehendsten Gurus, waren stets der Ansicht, dass auch der Guru nur scheinbar eine Person ist, tatsächlich aber die Verkörperung einer Funktion – in moderner Redensweise ein Übergangsobjekt; auch die vielen Götter werden nur als Aspekte des Selbst betrachtet. »Der Guru ist der Schüler, aber perfektioniert, vollständig,« sagt Muktananda, »wenn der Schüler eine Beziehung mit dem Guru eingeht, geht er in Wirklichkeit eine Beziehung mit seinem eigenen, besten Selbst ein.«[38] Am Ende deiner spirituellen Praxis musst du den Guru verbrennen, ist ein Sprichwort der Tantriker; töte den Buddha, wenn du ihm unterwegs begegnest, ist eine bekannte zen-buddhistische Weisheit. Gurus und Götter (wie auch Analytiker) haben dem Zweck der Internalisierung gedient – eine besondere Art und Weise, das Selbst zu erleben – und sind nun entbehrlich geworden.

Die psychologische Moderne, auch wenn sie starken Auftrieb von der europäischen Aufklärung erhalten hat, deckt sich nicht mit der historischen Moderne und ihre Ursprünge lassen sich nicht einfach geografisch festlegen. Mein größter Fehler in Ramnaths Fall war es, dass ich eine scharfe Trennung zwischen der »hinduistischen« kulturellen Anschauung vom zwischenmenschlichen und transpersonalen Wesen des Menschen einerseits und der modernen »westlichen« Anschauung der individuellen und triebgesteuerten Natur des Menschen andererseits vollzog. Weil Ramnath nicht im zuletzt genannten Sinn ein Individuum war, ging ich davon aus, dass er überhaupt kein Individuum sei. Die individuellen und relationalen Unterschiede mögen für ein kulturelles Verständnis anregend und fruchtbar sein, sollten aber auch nicht überbewertet werden. Selbst meine Unterscheidung zwischen traditionsgebundener und moderner Individualität ist unscharf. Ikkyu, ein Zen-Meister aus dem 15. Jahrhundert, der für seine schillernde Exzentrizität bekannt war,

37 S. Kurtz (1992): All the Mothers are One: Hindu India and the Cultural Reshaping of Psychoanalysis, New York (Columbia University Press).

38 S. Muktananda (1983): The Perfect Relationship. Ganeshpuri (Guru Siddha Vidyapeeth), S. ix.

weist – und zwar in Bezug auf seine Erleuchtung *(satori)*, die vom Schrei einer Krähe verursacht wurde – auf das Vorhandensein einer modernen, biografischen Individualität hin, wenn er schreibt:

> »Zehn stumme Jahre wollte ich die Dinge anders
> Wütend stolz
> Fühle ich es noch
> Eine Sommernacht in meinem kleinen Boot auf dem See Biwa
> Kaaaauuuuiiii
> Vater als ich ein Junge war, hast du uns verlassen, jetzt verzeihe ich dir.«[39]

Trotz der kulturellen Betonung des Inter- und Transpersonellen erwiesen sich meine traditionellen indischen Patienten als stärker individuell in ihrem Unbewussten, als sie es anfangs bemerkt hatten. In gleicher Weise waren meine amerikanischen und europäischen Patienten trotz ihrer westlich-kulturellen Prägung autonomer Individualität viel relationaler als sie selbst es bemerkten. Individuell und gemeinschaftlich, Selbst und andere sind komplementäre Betrachtungsweisen darüber, wie sich unser Geistes- und Seelenleben organisiert. Sie stehen in einer dialektischen Beziehung zueinander, auch wenn eine spezifische Kultur über einen bestimmten Zeitraum die Bedeutung des einen oder des anderen in ihrer Ideologie von einem erfüllten, menschlichen Leben besonders hervorhebt und damit das bewusste Selbsterlebnis eines Menschen als vorwiegend individuell oder gemeinschaftlich prägt. Es ist nicht zu leugnen, dass Inder intensiv in Beziehungen leben, wobei Familie und Gemeinschaft (einschließlich der Familien der Gottheiten) eine tragende Rolle im Selbsterlebnis spielen. Genauso wenig kann geleugnet werden, auch wenn es weniger offensichtlich ist, dass Inder zumindest in ihrer Fantasie stark individualistisch sind und ein Selbst von sich entwerfen können, das frei von allen Bindungen und Beziehungen ist, wie das eines Sadhu (wandernder Asket).

Indem ich einige grundlegende Gemeinsamkeiten für die psychoanalytische Arbeit herausstelle, will ich nicht sagen, dass es zwischen Patienten aus Bombay, Beirut oder Birmingham keine Unterschiede gäbe. Ein gebildeter Inder der Mittelschicht, der in seinem Selbsterleben

---

39 Zit. n. S. Berg (1989): Crow with no Mouth: Ikkyu – 15th Century Zen Master. Port Townsend (Copper Canyon Press), S. 42 (Zitat in eigener Übersetzung).

individueller ist und sich damit seinem westlichen Gegenüber auf dieser Ebene näher fühlen mag, ist nicht mit diesem identisch. Im Gegensatz zu der verbreiteten Haltung vieler Anthropologen, die über die indische Gesellschaft arbeiten, ist der traditionelle Hindu vom Dorf nicht der einzige Inder, den es gibt, ebenso wenig wie alle anderen irgendwelche kulturellen Abweichler verkörpern. Der städtische indische Analysand teilt mit den anderen Indern viele der sozialen und kulturellen Muster, die sich in den kulturellen Besonderheiten des Selbst widerspiegeln. Eine dieser Besonderheiten ist die zentrale Bedeutung, die das Erleben der mächtigen Mutter für den Hindu-Jungen (und Mann) einnimmt.[40] Die Rolle der übermächtigen Mutter ist in indischen psychoanalytischen Fallgeschichten häufig anzutreffen und auch ein vorherrschendes Motiv in hinduistischen Mythen und anderen Schöpfungen kultureller Imagination, was ich zunächst mit einem Ausschnitt aus einer Fallgeschichte illustrieren möchte:

Pran, ein 35-jähriger Journalist, litt an einer allgemeinen, unspezifischen Angst, als er zu mir in die Analyse kam. Er hatte beständig das Gefühl, »am Abgrund« zu stehen. Seine 320 Sitzungen mit mir waren in einem Maße von seiner Mutter bestimmt, wie ich es in meiner klinischen Arbeit bis dahin noch nicht erlebt hatte. Fast zwei Jahre lang wiederholte Pran viermal wöchentlich, Stunde um Stunde, was seine Mutter ihm bei dieser oder jener besonderen Gelegenheit erzählt hatte, was sie dachte, glaubte oder sagte, während er versuchte, sie von dem Thron zu stoßen, auf den er sie in den Tiefen seiner Seele gebettet hatte. Sie war eine tiefreligiöse Frau und besuchte regelmäßig Vorträge unterschiedlicher heiliger Männer. Pran begleitete sie zu den Gesprächen, die maßgeblich zu seiner traditionellen hinduistischen Weltanschauung beitrugen. Prans Erinnerungen an seinen Vater, der starb als er elf Jahre alt war, waren spärlich im Vergleich zu denen an seine Mutter. Die Erinnerungen an den Vater waren von einem Bedauern durchdrungen, nicht die Möglichkeit gehabt zu haben, Nähe zu einem Menschen zu entwickeln, der zu seiner Lebenszeit eine verschwommene Figur geblieben ist, weitgehend ausgeschlossen vom Familienleben. Er ist eindeutig und unwiderruflich tot, während die Mutter, die vor zehn Jahren starb,

40 Siehe das dritte Kapitel in S. Kakar (1978): The Inner World (a. a. O.); siehe auch S. Kakar: »Das Mütterlich-Feminine in der indischen Psychoanalyse« in diesem Band.

sehr lebendig geblieben ist. Der Vater war ein Lebemann und selten zu Hause. Er wurde von der Mutter vollständig zurückgewiesen, die sich nicht nur für tugendhafter und intelligenter hielt, sondern dem Sohn auch unmissverständlich zu verstehen gab, dass der Schlaganfall, an dem der Vater gestorben war, eine Folge seiner ausschweifenden, »männlichen« Lebensweise war.

Pran hatte zahlreiche Erinnerungen hinsichtlich der Nähe zu seiner Mutter, Stunden, in denen sie in stiller Unterhaltung einfach zusammensaßen und Pran sich von einer tiefen Ruhe durchströmt fühlte. Er erinnert sich, dass er bis zu seinem achten oder neunten Lebensjahr gestillt wurde, obwohl er, nach einigem Nachdenken, bezweifelte, ob in all den Jahren tatsächlich noch Milch in der Brust war. Er erinnert sich allerdings deutlich daran, dass er jederzeit ihre Bluse hob, wenn er Lust hatte zu saugen, sogar dann, wenn sie beschäftigt war oder mit anderen Frauen sprach. Manchmal waren die Besucherinnen nachsichtig, manchmal ungehalten über sein Benehmen. »Warum sagst du ihm nicht, er soll aufhören?«, fragten sie dann seine Mutter. »Er hört nicht auf mich«, erwiderte sie mit gespielter Hilflosigkeit.

Pran schlief im Bett seiner Mutter, bis er 18 war. Er erinnert sich lebhaft an die seltsame Mischung aus Furcht und Erregung, besonders während seiner Adoleszenz, als er seinen erigierten Penis in die Nähe ihres Geschlechts brachte, um den schwer fassbaren und verbotensten aller Kontakte zu provozieren, von dem er nicht wusste, ob es jemals eine Berührung war, ob sein Penis mit ihrem Körper tatsächlich in Berührung gekommen ist. Später beschränkten sich seine wenigen körperlichen Kontakte mit Frauen auf Umarmungen, wobei er seinen Unterleib verlegen verdrehte, damit seine Erektion nicht bemerkt wurde. Seine sexuellen Fantasien beschränkten sich lange Zeit auf das Betrachten und Anfassen von Brüsten. Mit fortschreitender Analyse nährte sich seine genussvollste Fantasie aus der Vorstellung, seinen Penis dicht an die Schamlippen einer Frau heranzuführen und sie sogar kurz zu berühren, ohne aber in ihren Körper einzudringen.

Nach Abschluss seines sehr erfolgreichen Studiums fing Pran bei einer Zeitung an und war auch dort sehr erfolgreich. Es wurde Zeit zum Heiraten und die ersten offenen, wenn auch gedämpften Konflikte mit seiner Mutter um die Wahl einer geeigneten Ehefrau begannen. Seine Mutter lehnte ausnahmslos jede attraktive Frau seiner Wahl ab und sagte frei heraus, Söhne würden ihre Mütter vergessen, wenn sie in die Fänge einer schönen Frau gerieten. Am Ende gab Pran nach und akzeptierte die Wahl seiner Mutter: eine hochgebildete, fügsame Frau von nichtssagendem Aussehen. Die ersten sechs Monate hatte Pran nicht das geringste Verlangen nach seiner Partnerin – die Tatsache, dass seine Mutter im Nebenzimmer schlief und darauf bestand, dass die Verbindungstür stets offen blieb, mit Ausnahme der Nacht, wirkte sicher nicht als Aphrodisiakum. Wenn sie mit dem Auto fuhren, saß seine Frau auf dem Rücksitz, da die Mutter nichts von neumodischen Vorstellungen hielt, nach denen sie selbst auf den Rücksitz gehörte, sobald der Sohn eine Ehefrau ins Haus gebracht hatte. Auch heute ist das sexuelle Verlangen nach seiner Frau oberflächlich und selten. Er fühlt sich eher von Frauen erregt, die kurzes Haar, Make-up und Röcke tragen, als von indischen Schönheiten in Sari oder Salwar Kameez. Letztere gleicht zu sehr seiner Mutter. Viele Jahre hat Pran versucht, seine Frau dahingehend zu bewegen, ihre konservative Erscheinung, die ihn so sehr an seine Mutter erinnerte, zu verändern, damit sie dem Gegenstand seines Verlangens etwas ähnlicher werde. Seine Frau fand, dass sie mit kurzem Haar, Make-up und Röcken wie eine Prostituierte aussehen würde und Pran hätte gern den Mut gehabt, zu sagen: »Genau!«

Erst nach dem Tod seiner Mutter hat Pran den Geschlechtsverkehr mit seiner Frau als vergnüglich empfunden. Aber jedes Mal nach dem Sex stellte sich für mehrere Tage ein Gefühl großer Müdigkeit ein und Pran hatte das Gefühl, sein Körper »zerbreche«. In solchen Momenten nahm Prans Bedürfnis nach Essen deutlich zu, vor allem nach den würzig-sauren Snacks *(chaats)*, die seine Mutter besonders gern aß und die im allgemeinen als »Frauen-Essen« betrachtet wurden. Auf der Suche nach diesen Speisen kann Pran trotz seiner Müdigkeit meilenweit fahren.

Das Bedürfnis nach Schlaf und scharfem Essen, gepaart mit dem Gefühl körperlichen Unbehagens, treten auch zu gewissen anderen Zeiten auf. Sie sind ein wiederkehrendes Merkmal seines Arbeitsalltags, in dem er nach ein paar Stunden Arbeit das dringende Bedürfnis nach Essen und einem kurzen Nickerchen verspürt. Sie nehmen dramatisch zu, wenn er geschäftlich unterwegs ist oder Leute zum Essen ausführen muss. Besonders ausgeprägt ist dieses Gefühl körperlichen Unbehagens gepaart mit Müdigkeit und Gier, wenn er mit Freunden an einer Bar sitzt und etwas trinkt.

Pran wurde sich relativ frühzeitig in seiner Analyse des zugrunde liegenden Musters in seinem Verhalten bewusst. Arbeiten gehen, reisen, trinken und natürlich Sex sind (in seinem kulturellen Umfeld) »männliche« Aktivitäten, zu denen er sich stark hingezogen fühlt. Zugleich werden sie aber als Trennung von der Mutter erlebt, die Ängsten Vorschub leisten, sodass er schließlich über Essen und Schlaf zu seiner Mutter zurückkehren muss. Er muss immer wieder mit ihr verschmelzen, um – wie er es ausdrückt – seine Nerven zu stärken. Die Einzelheiten, wie diese orale Verbindung mit der Mutter wiederhergestellt wird, sind frappierend: Pran verlangt nicht nur nach den Lieblingsspeisen seiner Mutter, er fühlt auch, wie dabei die Empfindlichkeit von Lippen und Gaumen stark zunimmt. Die Beschaffenheit und der Geschmack des Essens sind für diesen Prozess der Wiederherstellung viel wichtiger als die Funktion der Nahrung, nämlich Hunger zu stillen. Die sinnlichen Erinnerungen an die Brüste seiner Mutter und an den Geschmack ihrer Brustwarzen in seinem Mund sind sehr genau. Er kann den Körper der frühen Mutter in Form von aufblitzenden Erinnerungen zurückrufen, die einander in Abständen, wie Inseln der Erinnerung, folgen. Die kurzen »Schlafpausen«, die er nach seinen »männlichen« Aktivitäten einlegt, gestalten sich stets nach einem bestimmten Ritual. Er legt sich auf den Bauch, das Gesicht tief zwischen zwei weichen Kissen vergraben, und stellt sich vor, dass er eine Frau umarmt. Mit dieser Vorstellung schläft er ein, um kurz danach frisch und gestärkt wieder aufzuwachen.

Es brauchte längere Zeit, bis Pran sich darüber bewusst wurde, welchen Schrecken die überwältigende Aufdringlichkeit seiner Mutter in ihm schuf, als er ein kleiner Junge war. Es brauchte auch lange und dauert noch an, mit dieser hilflosen Wut umzugehen. Er verfluchte ihre Selbstsucht, die ihn an sie fesselte, und weinte bei der Erinnerung zahlloser Situationen, in denen sie ihn verspottete, wenn er versuchte, von ihr unabhängiger zu werden, indem er mit anderen Jungen spielte, oder bei der Wahl seines Arbeitsplatzes, seiner Kleidung und seiner Freunde. Er hatte das Gefühl, sie habe seine Männlichkeit zerstört. Als kleiner Junge musste er fast täglich ihre Unterwäsche waschen, Restmilch aus ihren Brustwarzen ausdrücken, ihr Haar ölen und ihre grauen Haare ausreißen. Die Geburt seiner eigenen vier Töchter sei auf seine Feminisierung zurückzuführen, empfand Pran, die seinen Samen »geschwächt« habe. Ihm wurde klar, dass seine »männlichen« Aktivitäten nicht nur mit dem

Wunsch nach Individuation und Vergnügen zusammenhingen, sondern auch um die Mutter zu verwunden. Einmal bemerkte er: »Ich wollte sie immer verletzten und gleichzeitig konnte ich ohne sie nicht auskommen. Sie hat mich von Geburt an vergewaltigt.«

Wenn er – was häufig der Fall war – auf der Couch lag und seine Mutter mit einem glücksseligen Gesichtsausdruck, Ausdruck ihrer starken Gegenwart, beschimpfte, kam ich nicht um das Gefühl herum, an *nindastuti* zu denken. *Nindastuti* ist die Verehrung einer Gottheit durch Beleidigung, Erniedrigung und Missachtung – im Hindu-Glauben eine akzeptierte Form, in der ein Gläubiger in Beziehung zu seiner Gottheit stehen kann.

Ich habe diesen besonderen Ausschnitt aus meiner psychoanalytischen Praxis gewählt, weil darin – in einer Palette intensiver Grundfarben und einem Mangel komplexer Formen und feiner Schattierungen – ein Grundthema hervorgehoben und geradezu karikiert wird, mit dem sich viele männliche Inder in der Analyse auseinandersetzten müssen. Angesichts der Häufigkeit, mit der es mir in der klinischen Arbeit begegnet, scheint das Thema der – wie ich es nenne – »mütterlichen Vereinnahmung« und der Ablösung des Jungen vom überwältigenden mütterlich-weiblichen einen dominanten Platz zu haben und es taucht auch in der kulturellen Vorstellungswelt der Hindus – zum Beispiel in Mythen – immer wieder auf. In Indien scheint diese »mütterliche Vereinnahmung« – vielmehr als das Dilemma des Ödipus-Komplexes – die vorherrschende Erzählung des hinduistischen Familiendramas zu sein.[41] Es ist ein Grundbaustein in der Architektur des indischen, männlichen Selbst. Es gibt einen einfachen Grund, warum ich kulturelle Imagination und klinische Arbeit in Zusammenhang bringe, um eine umfassende psychoanalytische These zum indischen kulturellen Kontext aufzustellen. Die klinische Psychoanalyse in Indien beschränkt sich mehr oder weniger auf eine kleine Gruppe von Analysanden aus den vier großen Metropolen. Sie kann der Heterogenität eines Landes von mehr als einer Milliarde Menschen mit ihren regionalen, sprachlichen, religiösen und kastengebundenen Differenzierungen nicht gerecht werden. Klinische Fälle können bestenfalls Hypothesen hervorbringen, die kulturelle Besonderheiten beleuchten.

41 Siehe auch S. Kakar: »Das Mütterlich-Feminine in der indischen Psychoanalyse« in diesem Band.

Um diese Hypothesen weiter zu erhärten, muss man sie im Schmelztiegel der kulturellen Imagination eines Landes testen – an ihren Mythen, ihren literarischen Themen, am Film etc.

Dieser Ausschnitt einer Fallgeschichte aus meiner klinischen Arbeit, in der die Art der »mütterlichen Vereinnahmung«, die verlängerte Mutter-Sohn-Symbiose und das Ringen um die Frage »War es Inzest oder nicht?« beleuchtet wurde, würde in analytischen Fallbesprechungen in Europa und Nordamerika üblicherweise sehr viel pathologischer beurteilt werden. Prans Fähigkeit, im Alltag zu funktionieren, ist jedoch trotz seiner vielen Hemmungen und Ängste, insbesondere der sexuellen, sehr beeindruckend. Ich frage mich (wenn diese Fallgeschichte in einem westlichen Kontext gelesen wird), wie sehr die psychoanalytische Erwartung, dass Pran kränker sei, als er es nach meiner Einschätzung tatsächlich ist, mit einer kulturellen Einfärbung im Zusammenhang steht, die sich in die klinische Beurteilung der Prozesse seiner sexuellen Differenzierung und Individuation einschleicht. So stellt sich beispielsweise die Frage, inwiefern die Beurteilung von Prans unbezweifelbarer Feminisierung und seinem gewissen Mangel an Differenzierung nicht auch ein Produkt der westlichen kulturellen Imagination ist. Denn was heißt es eigentlich, ein Mann oder eine Frau zu sein und wie diese auszusehen, zu denken oder sich zu verhalten? Wenn man sich die griechischen und römischen Skulpturen mit ihren muskulösen, männlichen Körpern, die nicht das geringste Fettpölsterchen haben, vor Augen führt und diese mit indischen Hindu-Göttern oder Buddha-Figuren vergleicht, deren Körper weicher, geschmeidiger und mit ihren Andeutungen von Brüsten dem weiblichen Körper näher sind, wird deutlich, worum es mir geht.

Es ist nicht meine Absicht, Prans Leid durch diese kulturelle Relativierung zu entwerten. Ich möchte lediglich hervorheben, dass es zwischen einem Minimum sexueller Differenzierung, das notwendig ist, um ein wenig genussvoll heterosexuell zu funktionieren, und einem Maximum, das jeden Sinn der Einfühlung und des emotionalen Kontakts mit dem anderen Geschlecht unterbindet und dieses geradezu als eine andere Spezies erlebt, ein ganzes Spektrum an Positionen gibt. Die Kulturen, die diese verschiedenen Positionen besetzen, behaupten alle von sich, dass ihre die einzig reife und gesunde Haltung ist.

Verglichen mit einem durchschnittlichen westlichen Analysanden (und man muss diesen voraussetzen, um einen kulturellen Vergleich machen zu können), stellt der entsprechende Hindu-Analysand andere innerpsychische Themen in den Vordergrund und setzt die Akzente in Hinsicht auf universelle Entwicklungserfahrungen anders. Da es jedoch, wie weiter oben erörtert, eine zugrunde liegende Ähnlichkeit zwischen psychoanalytischen Klienten in den verschiedenen Kulturen gibt (überwiegend ein kosmopolitisches, städtisches Bildungsbürgertum), sprengt die kulturelle Andersartigkeit nicht den psychoanalytischen Rahmen, der durch eine Fülle neuer Denkmodelle sowieso sehr viel flexibler geworden ist. Klinische Arbeit in Indien ist also nicht radikal anders als in Europa, Argentinien oder den USA. Ein Analytiker, der aus einer anderen Kultur stammt und der in seinem Gegenüber eher die Befremdung der kulturellen Maske als die Ähnlichkeit des individuellen Gesichts erlebt, kann sich zu einer Übertreibung der Unterschiede verleiten lassen. Wenn er aber lange genug und mit einem sensiblen Ohr die symbolischen und sprachlichen Welten seines Patienten in sich aufnimmt, würde er die individuellen Stimmen heraushören, die aus den Strudeln der Leidenschaften, den Stichen lastender Schuld, dem unersättlichen Hunger nach Verschmelzung und der Verzweiflung über die Abwesenheit des anderen heraufsteigen und die in Indien ebenso deutlich zu finden sind wie in der Psychoanalyse westlicher Patienten.

Die klinische Arbeit in einer anderen Kultur macht uns jedoch bewusst, wie sehr sich bisweilen die westliche kulturelle und moralische Vorstellungswelt beim »Theoretisieren« in Form von versteckten »Moralpredigten von Gesundheit und Reife« (wie Kohut es ausdrückte[42]) einschleicht, und zwar aufgrund der amerikanischen und europäischen Vorherrschaft im psychoanalytischen Diskurs. Kulturelle Urteile über psychische Reife, über die Beschaffenheit der Realität, über »positive« oder »negative« Lösungen von Konflikten und Komplexen erscheinen häufig im Gewand universeller psychoanalytischer Allgemeinbegriffe. Eine bewusste Wahrnehmung kultureller Kontexte in der Psychoanalyse trüge insofern dazu bei, Wissen und Toleranz in unserer gemeinsamen Disziplin zu erweitern, also die Bandbreite menschlicher Möglichkeiten einzubeziehen und eine größere Behutsamkeit im Umgang mit Begriffen wie Pathologie und Abweichung zu entwickeln.

42 H. Kohut (1979): The Two Analyses of Mr. Z. (a.a.O.), S. 12.

IV. Begegnungen psychoanalytischer Art: Freud, Jung und Indien

Freuds Denken und seine Methoden, emotionale Störungen zu behandeln, haben Indien früh erreicht. Die indische psychoanalytische Gesellschaft, die sich 1922 gegründet hatte, wurde Mitglied der Internationalen Psychoanalytischen Vereinigung, noch bevor den meisten europäischen Ländern wie Frankreich diese Anerkennung zugebilligt wurde.

Der Kopf, der hinter der Rezeption des freudianischen Denkens stand, war der im Jahre 1886 geborene Girindrasekhar Bose.[43] Er war der Sohn des Ministerpräsidenten einer kleinen Grafschaft im Bundesstaat Bengalen. Bose hatte Medizin studiert und war nach seinem Abschluss im Jahre 1910 praktizierender Arzt in Kalkutta, seine anhaltende intellektuelle Leidenschaft war jedoch die »abnormale« Psychologie. Er befasste sich mit Hypnose und hatte um 1914 angefangen, psychisch gestörte Patienten mit Methoden zu behandeln, die – wie er sagte – den ursprünglichen Methoden Freuds ähnelten, vermutlich die Anwendung von Hypnose, Suggestionen und Befragungen, um Erinnerungen heraufzubeschwören, und Assoziationen zu fördern. Bevor die ersten englischen Übersetzungen Freuds in Kalkutta erschienen, die den jungen bengalischen Arzt tief beeindruckten, hatte er bereits einige seiner eigenen psychologischen

43 Vgl. T.C. Sinha (1966): Development of Psychoanalysis in India. I.J. Psycho-Anal. 12, S. 427–449; C. Hartnack (1990): Vishnu on Freud's Desk: Psychoanalysis in Colonial India. Social Research 57, S. 921–949.

Ideen entwickelt. Diese schlossen die Grundelemente seiner Theorie der gegensätzlichen Wünsche ein, nämlich dass es für jeden ausgedrückten Wunsch einen gegensätzlichen Wunsch gibt, der im Unbewussten arbeitet. Bose, ein Mann mit unersättlicher Energie und einem guten Maß an Originalität, vertiefte sich sehr in seine psychologischen Studien und erhielt 1921 den ersten in Indien zuerkannten Doktorgrad für Psychologie. Bose, der aufs Tiefste mit hinduistischer Philosophie und indischen kulturellen Traditionen vertraut war, darf in vielerlei Hinsicht als »der Erste« gelten: Er hatte die erste Professur für Psychologie an der Universität Kalkutta inne, war der Gründer der Indischen Psychologischen Vereinigung und – für uns hier am wichtigsten – er war der Architekt der Indischen Psychoanalytischen Gesellschaft.

Das Gründungstreffen der Gesellschaft fand im Jahre 1922 mit Bose als ihrem Vorsitzenden statt. Von den insgesamt 15 ursprünglichen Mitgliedern waren neun College-Lehrer für Psychologie oder Philosophie, fünf – einschließlich zweier Engländer – gehörten der Sanitätstruppe der indischen Armee an und das letzte Mitglied wird in seiner beruflichen Anbindung erstaunlicherweise als »Sekretär der Vereinigung der Jutesäcke-Hersteller« gelistet. Noch im Gründungsjahr der Indischen Psychoanalytischen Gesellschaft schrieb Bose nach Wien an Freud. Nachdem er seinen Respekt und seine Bewunderung für die Arbeit des Meisers zum Ausdruck gebracht hatte, berichtete er ihm über die Indische Psychoanalytische Gesellschaft. Freud war zufrieden, dass sich seine Ideen bis in so weit entfernte Länder verbreitet hatten, und bat Bose, zur Aufnahme des indischen Zweigs an Ernest Jones zu schreiben, welcher zu diesem Zeitpunkt Präsident der Internationalen Psychoanalytischen Vereinigung war. Bose tat das, und so wurde die Indische Psychoanalytische Gesellschaft, mit Bose als ihrem ersten Vorsitzenden (ein Amt, das er bis zu seinem Tod im Jahre 1953 ausübte), ein vollwertiges Mitglied der Internationalen Psychoanalytischen Gemeinschaft.

Abgeschnitten von den Debatten, Kontroversen und Auseinandersetzungen der psychoanalytischen Zentren in Europa, musste sich die indische Psychoanalyse an Büchern und Zeitschriften orientierten, die in Indien nicht leicht zugänglich waren. Mit anderen Worten: Die indische Psychoanalyse wurde in ihren Kinderschuhen hauptsächlich vom Enthusiasmus und der intellektuellen Leidenschaft ihres leitenden Vertreters, Bose, genährt. Informelle Treffen mit acht bis zehn Mitgliedern fanden samstagabends im Haus des Vorsitzenden statt – das Haus wurde nach Boses Tod zum Hauptquartier der Psychoanalytischen Gesellschaft. Bose hielt die meisten Vorträge und leitete fast alle Diskussionen. Ohne selbst durch eine Lehranalyse gegangen zu sein, »analysierte« er die anderen Mitglieder in mehr oder weniger informeller Art und Weise und bemühte sich nach Kräften darum, das Interesse der anderen für die Psychoanalyse am Leben zu erhalten. In den 1920er Jahren begann die Psychoanalyse die westlich orientierte bengalische Elite zu faszinieren, wobei Freuds Konzepte über Radiosendungen und Zeitschriftenartikel Verbreitung fanden.[44] Die analytische Theorie wurde als ein faszinierendes neues Werkzeug betrachtet, um die indische Kultur und soziale Phänomene zu analysieren. Selbst Gandhi, auf seiner Suche nach einer Lösung für das anhaltende Hindu-Muslim-Problem, nahm 1925 an einem Treffen der psychoanalytischen Gesellschaft in Kalkutta statt. Dort präsentierte ein britisches Mitglied der Gesellschaft, Berkeley-Hill, eine psychoanalytische Untersuchung über die Spannungen zwischen Hindus und Muslimen.

Aus meiner eigenen Erfahrung mit psychoanalytischen Institutionen verschiedener Länder würde ich zu äußern wagen, dass die Praxis der Psychoanalyse der klassischen indischen Musik ähnelt, in deren Schulen das Grundvokabular der Musik geteilt wird, jede *gharana* oder Musikschule jedoch eine spezifische, traditionelle Weise hat, wie ein *raga* (musikalische Komposition) bearbeitet und gespielt wird. Der Musiker lernt seinen traditionellen Stil über viele Jahre hinweg von einem Lehrer, der ihn persönlich anleitet, der sein Können wiederum von seinem Lehrer übernahm usw. Wir haben in ähnlicher Art und Weise die Psychoanalyse im Wesentlichen vom Erfahrungsschatz unseres eigenen Lehranalytikers übernommen und dieser kann oft zu einer bestimmten psychoanalytischen *gharana* zurückverfolgt werden. Eine solche gharana sollte nicht verwechselt werden mit eigenständigen Schulen, die eine bestimmte, abweichende theoretische Position beziehen. Vielmehr ist gemeint ist, dass Praktizierende, die einer bestimmten *gharana* zugehören, einen gewissen Stil in der psychoanalytischen Performanz teilen.

Die psychoanalytische Praxis in Indien wurde aufgrund ihrer relativen Isolation entscheidend von dem ersten indischen Analytiker geprägt. Boses Methode leitete sich im Wesentlichen von seiner psychiatrischen

44 C. Hartnack (1990): Vishnu on Freud's Desk (a.a.O.).

Praxis aus der Zeit bevor er von Freud erfuhr, seiner Theorie gegensätzlicher Wünsche und aus Freuds Schriften analytischer Techniken her. In einer kurzen Mitteilung an das *International Journal of Psychoanalysis* beschrieb er seinen Stil wie folgt:

> »Im Gegensatz zur aktiven Therapie und der erzwungenen Phantasie-Methode von Ferenczi, hat die Methode folgende hervorstechenden Merkmale. In geeigneten Fällen wird der Patient zuerst gebeten, seine freien Assoziationen zu äußern, um seine unterdrückten Wünsche, die zu der Zeit aktiv sind, festzustellen. Ihm wird dann *befohlen* Wunschvorstellungen und Phantasien aufzubauen, die Bezug nehmen auf den unterdrückten Wunsch, um so schließlich die Rollen des Subjekts und des Objekts in der Wunsch-Situation anzunehmen.«[45]

Der Patient wurde weiter dazu angehalten, diese Übung zu Hause zu wiederholen und die sich dabei entwickelnden Fantasien während der nächsten analytischen Sitzung mitzuteilen. Während der Sitzung lehnte sich der Patient mit geschlossenen Augen in einem Sessel zurück, der Analytiker saß hinter ihm und machte sich gewissenhaft Notizen über die Dinge, die der Patient sagte.

Diese detaillierten Notizen waren für den Analytiker mehr als eine Erinnerungsstütze. Sie wurden im analytischen Prozess aktiv genutzt, um Widerstände zu brechen. Das Protokoll ist auch wertvoll, meinte Bose, um Widerstände des Patienten zu brechen, der, den Worten des Analytikers zum Trotz, einige seiner früheren Aussagen leugnen könnte. Eine Protokollführung führt zu einer stärkeren Überzeugungskraft der Wahrheit von Interpretationen.[46]

In einer Broschüre, die zum Anlass der Feierlichkeiten des Silberjubiläums des Lumbini-Parks herauskam (die Psychiatrische Anstalt, die von der Indischen Gesellschaft geführt wurde), wurde selbst im Jahr 1966 noch die Fotografie einer analytischen Sitzung abgedruckt, in der der Patient mit geschlossenen Augen in einem aufklappbaren Leinenstuhl sitzt, während der Analytiker, über sein Notizbuch gebeugt, hinter ihm sitzt und seine Äußerungen aufschreibt.

---

45 G. Bose (1931): A New Technique of Psychoanalysis. I.J. Psycho-Anal. 12, S. 387–89, hier S. 387f. (Zitat in eigener Übersetzung, Hervorhebung S.K.).

46 G. Bose (1948): A new theory of mental life (a.a.O.).

Wenn Bose seine Patienten über die Richtung, die ihre Fantasien einschlagen sollten, anleitete, ist er nicht weit von einigen meditativen Verfahren entfernt, die in hindu-psycho-philosophischen Schulen der Selbstverwirklichung genutzt werden. Einem fallen da sofort tantrische Visualisierungen, wie *nyasa* oder aber das *Yoganidra* des *Raja Yoga* ein. Es handelt sich dabei um Techniken, mit denen Bose, aufgrund seiner tiefgehenden Auseinandersetzung mit dem Yoga, durchaus vertraut war.

Viele – so wie auch ich – mögen eine starke Reserviertheit gegenüber den Inhalten des klinischen Materials hegen, das der indische Analytiker seinen Patienten mit dieser aktiven, didaktischen Haltung entlockt, eine Haltung, zu der Boses analytische Methode zutiefst beigetragen hat. Man darf sich legitimerweise fragen, ob die Aktivität des Analytikers nicht gefährlich nahe an das herankommt, was einem Anwalt im Gerichtssaal verboten ist, nämlich »den Zeugen zu leiten«, die Wahrscheinlichkeiten der Suggestion zu steigern und damit die klinischen Daten so zu verfälschen, dass sie nicht mehr verwendbar sind.

Wir wissen seit Freud über die Problematik der Suggestion, die ihn sehr besorgte. Im Gegensatz zu anderen Psychotherapeuten sind Analytiker darum bemüht, dass die analytische Technik die Suggestion auf ein Minimum reduziert, sodass die Suggestion nicht als alternative Erklärung herhalten kann. Marshall Edelson erinnert uns daran, dass die analytische Intervention in der klinischen Situation mehr in Deutungen von Abwehr als in Vorschlägen besteht, *wogegen* sich der Patient schützt. Der Analytiker sollte sich einmischen, indem er die Aufmerksamkeit des Patienten auf die Art und Weise lenkt, wie der Letztere mit Ambiguitäten in seinem Leben und in der analytischen Situation umgeht. Er sollte auf die Kontexte hinweisen, in denen der Analysand Schwierigkeiten hat, zu sagen, was er denkt, und die Aufmerksamkeit auf das lenken, was weiterer Aufklärung bedarf.[47] Solche Interventionen sind relativ frei von suggestiven Einfärbungen. Eine erhöhte didaktische Aktivität des Analytikers muss also nicht *ipso facto* suggestiv sein. Der Analytiker kann so viel ermahnen, ermutigen und interagieren wie es in dem Kontext, in dem er handelt, nötig ist, solange er von Vorschlägen über die Inhalte der Abwehr oder der unbewussten Konflikte absieht,

47 M. Edelson (1984): Hypothesis and Evidence in Psychoanalysis. Chicago (University of Chicago Press).

bis der Patient diese auf dem einen oder anderen Wege selbst entdeckt. Da die *öffentlichen* Aufzeichnungen von Rohmaterial in der Psychoanalyse bekanntlich begrenzt sind, haben wir keine Möglichkeit, zu wissen, ob die Pioniere der indischen *gharana* (oder in diesem Fall auch jeder anderen Schule) dieser Form der analytischen Technik auch streng gefolgt sind. Wir haben aber keinen vorangingen Grund, anzuzweifeln, dass sie es nicht taten.

Bis gut in die 1940er Jahre zeigen die publizierten Arbeiten indischer Psychoanalytiker eine anhaltende Beschäftigung in der Erläuterung indischer kultureller Phänomene und der Wahrnehmung der »indischen« Aspekte im geistigen Leben ihrer Patienten. Mythologische Anspielungen auf Hindu-Götter und Göttinnen wie Shiva und Kali tauchen regelmäßig in Fallgeschichten auf, in denen die Mythologie bei Patienten sowohl defensiv als auch zu Anpassungszwecken genutzt wird. So erzählt beispielsweise T. C. Sinha – ein Schüler Boses, der später selbst Vorsitzender der Indischen Gesellschaft wurde – liefert die Fallgeschichte eines 16-jährigen Jugendlichen, dessen intensiv-passiven homosexuellen Wünsche begleitet wurden von der Angst vor einer Schwangerschaft. Als der Analytiker ihn zu beruhigen versuchte, dass Männer nicht schwanger werden können, konterte er mit dem mythologischen Beispiel des Yuvanasva. Obwohl er 100 Ehefrauen hatte, besaß der König Yuvanasva keinen Sohn und suchte Rat bei den Weisen. Diese hatten Mitleid mit ihm und praktizierten ein spezielles Ritual. Ein Topf Wasser, der den Königinnen verabreicht werden sollte, um sie zu schwängern, wurde durch das Rezitieren von Mantras potent gemacht. Unwissentlich trank Yuvanasva von dem Wasser und gebar zehn Monate später ein Kind, das aus seiner rechten Bauchhälfte herausplatzte. Um sich selbst vor Yuvanasvas mythologischem Schicksal zu schützen, entwickelte der Patient die Fantasie, dass sein eigener Penis in seinem After stecke.[48]

Man findet in der Hindu-Psychologie Aufsätze zur Sühne, zur Deutung – im Lichte von *Totem und Tabu* – von *prasad* (die Essensreste, die einem Gott oder einer hochstehenden Person geopfert werden), ferner gibt es Studien zu indischen Skulptur-Motiven wie dem *lingam, ardhanarishvara* und *mahisasuramardini*, die alle gewisse Aspekte der ödipalen Situation in hinduistischen Familien im Licht der psychoanalytischen

48 T. C. Sinha (1966): Development of Psychoanalysis in India (a. a. O.).

Theorie repräsentieren. Man begegnet auch verstreuten vergleichenden Beobachtungen, beispielsweise der folgenden: »Der indische Paranoide wendet sich häufig der Religion zu.«

Ab den 1940er Jahren verliert sich jedoch das Interesse an vergleichenden und kulturellen Aspekten des psychischen Lebens und die Frische des Schreibens der wegbereitenden Generation indischer Psychoanalyse ließ nach. In den letzten 40 Jahren – nimmt man die offizielle Zeitschrift der Indischen Gesellschaft als Grundlage – waren die indischen Beiträge weder besonders auszeichnend noch originell. Selbst die besten Beiträge sind kaum mehr als Berichte über den Stand der Dinge in Bezug auf globale analytische Konzepte oder Einführungen in Theorien einiger auserwählter Post-Freudianer wie Klein oder Bion.[49]

Ich kann hier nur darüber spekulieren, wie es zu dieser völligen Trennung von indischer Psychoanalyse und indischer Kultur und Gesellschaft kam. Psychoanalyse im Sinne psychoanalytischer Konzepte und Theorien, die zu einer bestimmten Zeit eine Vielzahl an Anhängern unter Analytikern finden und deren klinischen Beobachtungen formen, sind nicht ganz unabhängig von der historischen Situation, in der sich der Analytiker und seine Patienten befinden. Freuds Postulat des Todestriebs und sein zunehmendes Interesse an den Problemen menschlicher Aggression nach dem Blutbad des Ersten Weltkriegs oder die wachsende Bedeutung der Objektbeziehungstheorie, nachdem die Werte der Gegenaufklärung in den westlichen Gesellschaften ab den 1960er Jahren eine Neubehauptung und Renaissance erfuhren, sind nur zwei solcher Beispiele des Einflusses des historischen Zeitgeists auf Theorie und Praxis.

In den letzten 30 Jahren konnte in Indien ein rasant steigendes Tempo der Modernisierung und Industrialisierung bezeugt werden. Das Land ist in großem Stil in die Weltmärkte, die von der ersten Welt dominiert werden, eingestiegen, und zwar sowohl ökonomisch als auch intellektuell. Es gab den phänomenalen Aufstieg einer urbanen, gebildeten Mittelschicht, der gewöhnlich sowohl Analytiker als auch seine Patienten angehören. Diese miteinander verbundenen Prozesse führten bei der Mittelklasse (die selbst ein Kind der Modernisierung

49 Es ist das Verdienst der Indischen Gesellschaft, dass die Zeitschrift seit 1948 regelmäßig erscheint. Und wie ein deutscher Kollege während einer Indien-Reise bemerkte: »Es kommt nicht darauf an, wie gut ein Bär tanzt, sondern dass er überhaupt tanzt.«

ist) als Konsequenz zu einer unkritischen Akzeptanz westlicher, intellektueller Vorbilder, die Universalität beanspruchen. Es ist wahrscheinlich kein Zufall, dass die jüngere Generation der Psychoanalytiker in Mumbai (der geografisch und geistig westlichsten Stadt) Anhänger der Klein'schen Schule sind, die mit ihrem Fokus auf universelle Aspekte des Objekts – »gute« und »schlechte« Brüste, »gute« und »schlechte« Penisse etc. – die wohl umfassendste der vielen relationalen Theorien ist. Aber selbst im traditionellen Kalkutta an der Ostküste Indiens ist die kritische Beschäftigung mit rezipierten Theorien inzwischen fast verschwunden. Dies traf nicht in der frühen Phase der Psychoanalyse in Indien zu. Falls die Psychoanalyse in irgendeiner Weise ein Beispiel des restlichen intellektuellen Lebens in Indien ist, dann scheint es, dass die westliche Kolonialisierung des indischen Geistes paradoxerweise nach der indischen Unabhängigkeit und mit der weitreichenden Öffnung zum Weltmarkt stärker ist als zu den Zeiten, als das Land noch eine britische Kolonie war.[50]

Das Fehlen eines kulturellen Idioms in den heutigen Fallgeschichten, beispielsweise das Heranziehen von indischen mythologischen Geschichten bei Patienten, hat nicht nur mit dem zunehmenden mythologischen Analphabetismus der Menschen zu tun (als Konsequenz des Modernisierungsprozesses); es kann auch sehr gut damit zusammenhängen, dass der Patient das Desinteresse des Analytikers in derartigem Material spürt, nämlich aufgrund seiner Verpflichtung gegenüber »tieferen«, universalistischen Modellen. Weit entfernt von den intellektuellen Quellen seiner professionellen Existenz, in einer Kultur praktizierend, die psychoanalytischen Ideen gegenüber indifferent ist und seinem Menschenbild gegenüber feindselig eingestellt ist, könnte der indische Analytiker verführt werden, die analytischen »Gurus« aus der Ferne zu idealisieren und ihrem Vorbild im kleinsten Detail unkritisch zu folgen.

Was sind die Gründe für die indische Zurückweisung oder vielmehr Indifferenz gegenüber Freud und dem psychoanalytischen Denken? Bevor ich eine Antwort auf diese Frage gebe, möchte ich hervorheben, dass ich mich nicht mit der psychoanalytischen Therapie als Behandlungsmethode emotionaler Störungen befasse. Mein Fokus hier richtet sich auf die

50 In manchen intellektuellen Kreisen, insbesondere in der indischen Diaspora in Europa und den USA, beginnt sich diese Haltung zu ändern.

Zurückweisung psychoanalytischer Ideen, die im Westen häufig als einflussreiche Instrumente einer radikalen Kulturkritik genutzt wurden.

Auf den ersten Blick scheint die indische Feindseligkeit gegenüber der Psychoanalyse überraschend, wenn man davon ausgeht, dass es in der menschlichen Geschichte wohl kaum eine andere Zivilisation gegeben hat, die sich so ausgiebig über die Jahrhunderte mit dem Wesen des »Selbst« auseinandergesetzt und Antworten auf die Frage »Wer bin ich?« gesucht hat. Die Inder waren ein kolonialisiertes Volk, das aus dem Gleichgewicht geraten war, da es unter dem Angriff einer siegenden westlichen Zivilisation stand, die ihr Wissen und ihre politischen und sozialen Strukturen als selbstverständlich überlegen proklamiert. Es ist insofern verständlich, dass indische Intellektuelle des frühen 20. Jahrhunderts die Notwendigkeit empfanden, an zumindest einigen wenigen typisch indischen Vorstellungen hartnäckig festzuhalten, um ihre kulturelle Identität intakt zu halten. Die indische Auseinandersetzung mit dem »Selbst«, ihre psycho-philosophischen Schulen der »Selbstrealisierung«, die häufig unter dem Etikett indischer Metaphysik oder »Spiritualität« gehandelt wurden, wurden zu den wichtigsten Wegweisern, um Selbstrespekt zu halten, ja sich sogar einer gewissen Überlegenheit gegenüber der materialistischen westlichen Zivilisation zu vergewissern. Für die indischen Intellektuellen dieser Zeit war die Psychoanalyse eine echte Herausforderung an ihre wichtigsten Quellen des Selbstrespekts – sie drang in ein Terrain vor, von dem die Inder der Meinung waren, es sei ganz das ihre. Sri Aurobindo, ein einflussreicher Mystiker-Philosoph, vertritt in seinen Kommentaren zu freudianischem Gedankengut diesen Standpunkt, wenn er schreibt: »[M]an kann die Bedeutung des Lotus nicht entdecken, indem man die Geheimnisse des Schlamms analysiert, in dem er wächst.« Er bemerkte auch, dass die Psychoanalyse eine Wissenschaft ist, die »noch in ihren Kinderschuhen steckt – alles in allem unbedacht, ungeschickt und unentwickelt«[51]. Diese Gefühle sind von anderen nachgebetet worden und charakterisieren noch immer die Haltung vieler indischer Intellektueller, selbst derer, die sich professionell nicht mit indischer Philosophie befassen.

51 S. Aurobindo: Bases of Yoga; zit. n. E. Servadio (1966): A Psychodynamic Approach to Yoga Experience. International Journal of Parapsychology 9, S. 181–91, hier S. 181 (Zitat in eigener Übersetzung).

Ein weiterer Grund für die Ablehnung freudianischer Konzepte hängt mit ihren Ursprüngen zusammen. Hergeleitet aus klinischen Erfahrungen mit Patienten, die in einem kulturellen Umfeld aufgewachsen sind, das sich stark von Indien unterscheidet, bedingt, dass manche der transponierten Konzepte nicht sehr überzeugend sind. Wie wir an Boses Beispiel gesehen haben, drängen die anderen Lebensmuster in den Familien und die Rolle der vielen Versorger in Indien zu einer Modifizierung psychoanalytischer Theorien. Ähnlich haben Freuds Ansichten über die Religion, die von seinem monotheistischen, jüdisch-christlichen Hintergrund mit der Hervorhebung eines Vatergottes geprägt sind, wenig Achtung übrig für die polytheistischen religiösen Traditionen Indiens, in denen die Muttergottheit oft die tiefste Unterströmung indischer Religiosität bildet.

Was die andere Seite der Gleichung anbelangt, so waren die Auswirkungen Indiens oder indischen Gedankenguts auf Freud minimal oder sogar nicht-existent. Auch wenn seine Korrespondenz mit indischen Analytikern wie Bose höflich verlief, war Freud zutiefst desinteressiert an den kulturellen Besonderheiten Indiens, die darauf drängen könnten, seine hart erkämpften Einsichten zu überprüfen. Boses Entwicklung einer eigenwilligen Methode der freien Assoziation, die der psychoanalytischen Sünde der Suggestion gefährlich nahekam, trug nicht gerade zu Freuds Interesse bei. Indien und indisches Gedankengut, beispielsweise sein Mystizismus, waren aber indirekt Anlass von Freuds Buch *Das Unbehagen in der Kultur*, das er als Antwort auf einen Brief von Romain Rolland schrieb. Rolland hatte Freuds Einschätzung zur mystischen Erfahrung – genauer zum sogenannten »ozeanischen Gefühl« – gesucht, und zwar sowohl in Bezug auf sein persönliches Erlebnis als auch gegenüber dem bengalischen Mystiker Ramakrishna, der im 19. Jahrhundert wirkte und an dessen Biografie Rolland zu der Zeit schrieb. Freud äußerte knapp seine Haltung gegenüber Indien und allem, was mit Indien zu tun hatte, indem er schrieb: »Ich versuche nun unter Ihrer Führung in das indische Jungle einzudringen, von dem mich bisher hellenische Maßliebe, jüdische Nüchternheit und philiströse Ängstlichkeit in irgendeinem Mengungsverhältnis ferngehalten haben!«[52]

52 S. Freud (1930): Letter to Romain Rolland 19 January, 1930. In: E. Freud (Hg.) (1960): The Letters of Sigmund Freud. New York (Basic Books), S. 392.

Eine Historikerin indischer Psychoanalyse erklärt sich Freuds Haltung gegenüber Indien – sein Desinteresse an einem intellektuellen Austausch, der über eine bloße Bestätigung seines eigenen »expansiven Bestrebens« hinausgehen könnte – damit, dass Freud ein Mann seiner (kolonialen) Zeit war. Christiane Hartnack schreibt:

> »Seine Arbeiten über Frauen und andere Kulturen spiegelten bekannte Stereotype seiner Zeit wider, indem vorausgesetzt wird, dass der europäische Mann der Maßstab ist, an dem sich der Rest der Menschheit zu messen hat. Freuds Psychoanalyse blieb eurozentristisch, weil er die hegemonistische Haltung ebenso wenig in Frage stellte wie die misogyne Einstellung seiner Zeit, da auch er die sozialen Normen seiner Zeit nicht überwinden konnte.«[53]

Als Psychoanalytiker würde ich allerdings über Hartnacks politische Erklärung hinausgehen und diese mit einer psychologischen ergänzen, um in Freuds Reaktion auf den indischen Dschungel einige unbewusste biografische Determinanten herauszustellen. Freud hat uns gelehrt, dass die Überzeugungen und Ideen, an denen ein Individuum leidenschaftlich festhält, nicht frei von unbewussten Bedürfnissen und Konflikten sind und man sollte nicht zögern, diese Einsicht auch auf Freud selbst anzuwenden. Der indische Dschungel war für Freud, wie ich annehme, die körperliche Üppigkeit seiner Mutter, der indische Mystizismus der Sirenengesang des ewig Femininen, das für Freud in seinem Leben eine Quelle der Ambivalenz blieb. »Ach, ihr Inder mit eurem ewigen Mutterkomplex!«, soll er aufgebracht zu einem indischen Schriftsteller gesagt haben, der ihn um eine Konsultation gebeten hatte.[54] Freuds Ambivalenz gegenüber dem Mütterlichen gibt auch die Richtung an, die seine Schriften einschlugen. Bis gut in die 30er Jahre hinein hat Freud in seinen Schriften die frühen Erfahrungen des Säuglings mit seiner Mutter nicht vollständig berücksichtigt. Erst zum Ende der 30er Jahre hin wird Freud die Bedeutung der Mutter im psychischen Leben bewusster. Ihm fiel es leichter, mit seiner Ambivalenz gegenüber dem Mütterlich-Femininen umzugehen, je näher er der Umarmung des »ewig Weiblichen« kam.

---

53 C. Hartnack (1990): Vishnu on Freud's Desk (a.a.O.), S. 948f. (Zitat in eigener Übersetzung).

54 M.R. Anand im persönlichen Gespräch am 12. Dezember 1990.

Im Gegensatz zu Freud war Jungs Beschäftigung mit indischem Gedankengut tiefgreifend und beeinflusste seine Schriften, obwohl – wie wir später noch sehen werden – das Wesen und das Ausmaß dieses Einflusses von indischen Intellektuellen oft überschätzt wurde. Obwohl Jung ein Yoga-Schüler war, nachdem er sich mit Freud überworfen hatte (und es sollte daran erinnert werden, dass Yoga für Jung ein allumfassender Ausdruck für östlich-religiöses Gedankengut und psychologische Praxis war), stammten seine Hauptarbeiten über indische und allgemein östliche Religionen aus der Zeit zwischen 1936 und 1944. Jungs Aufgeschlossenheit gegenüber östlichem Denken hatte mit seiner Fehde zu Freud zu tun. Jung empfand, dass Yoga seine Haltung bestätigte, dass das Unbewusste mehr war als die sexuelle Libido. Indien wurde somit zu einem Verbündeten in seinem Bemühen, zu verhindern, dass die westliche Psychologie Geisel von Freuds sexuellen Theorien wird. Auch wenn Yoga eine Rolle dabei spielte, sein Denken zu stimulieren und möglicherweise zu einigen seiner Einsichten beizutragen, war es vor allem ein Bereich der Aneignung. Jung bediente sich aus dem Wissensbereich indischen Gedankenguts, um seine eigenen Theorien anhand von Parallelen im Yoga zu bestätigen. Wie Harold Coward schreibt: »Das Prinzip, Bestätigung psychischer Erfahrungen in der Gestalt statt inhaltlich zu finden, kennzeichnet die überwiegende Begegnung Jungs mit dem Yoga.«[55] Einige der psychologischen Konzepte des Yoga, in denen sich Jung wiederfand, baute er in seine eigenen Theorien ein. Diese Konzepte umfassten *citta* als eine Parallele zu Jungs Psyche, *tapas* und Jungs »aktive Imagination«, *guru* und das »Gedanken-Wesen«, *atman* und das Jungianische »Selbst«, *samskaras* und die »Archetypen« und besonders *mandala* als überragender Archetyp der Ganzheit.

Jung bemühte sich sehr, seine eigenen Arbeiten von denen der indischen Mystik und Religionsphilosophie zu unterscheiden, und zwar oft, indem er letztere als unwissenschaftlich, spekulativ und metaphysisch abtat, während er seinen eigenen wissenschaftlichen Empirismus hervorhob. In einem seiner Briefe an einen indischen Korrespondenten schrieb er:

> »Meine Konzepte sind empirisch und überhaupt nicht spekulativ. Wenn Sie diese von einem philosophischen Standpunkt verstehen möchten,

55 H. Coward (1985): Jung and Eastern Thought. Albany (State University of New York Press), S. 7.

verirren Sie sich vollkommen, da sie nicht rational, sondern bloße Namen für irrationale Phänomene sind. Die Konzepte indischer Philosophie hingegen, sind voll und ganz philosophisch und haben den Charakter eines Postulats und können daher höchstens als Analogie meiner Terminologie verstanden werden, sind aber nicht mit diesen identisch.

Analytische Psychologie erzählt die Geschichte seines [des modernen europäischen Mannes] Abenteuers. Nur wenn Sie in der Lage sind, die Relativität zu erkennen, d.h. die Zweifelhaftigkeit aller menschlichen Postulate, können Sie den Zustand erleben, in der analytische Psychologie Sinn ergibt. Aber analytische Psychologie ergibt für Sie einfach keinen Sinn.

Nichts von dem, was ich beschreibe, wird lebendig, solange Sie Menschen nicht verständnisvoll begleiten oder mit ihnen sympathisieren können – Menschen, die gezwungen sind, ihr Leben auf Fakten aufzubauen, die erfahrbar sind, statt auf transzendentalen Postulaten, die jenseits der menschlichen Erfahrung liegen. Insofern Sie also an Postulate glauben, haben sie keinen Gebrauch für meine Psychologie und Sie sind nicht einmal in der Lage zu verstehen, warum wir nicht einfach indische Philosophie übernehmen, wenn wir mit unserer eigenen religiösen Philosophie unzufrieden sind.«[56]

Und zu einem anderen Korrespondenten schrieb er:

»Ich bin mir im Klaren darüber, dass es eine besondere Eigenschaft indischen Gedankenguts ist, anzunehmen, Bewusstsein habe eine metaphysische und vormenschliche Existenz [...]. [S]oweit meine Kenntnis reicht, haben wir jedoch keinerlei Beweis, mit dem eine Hypothese unterstützt wird, dass eine vormenschliche und vorbewusste Psyche irgendwem bewusst sei und somit ein Bewusstsein ist [...]. [D]er westliche Geist hat sich von metaphysischen Erklärungen gelöst, die *per defifinitionem* nicht nachprüfbar sind, wenn auch erst seit kurzem. Im Mittelalter, bis ins 19. Jahrhundert hinein, haben wir noch an metaphysische Erklärungen geglaubt. Es scheint mir, dass Indien noch immer von der Möglichkeit metaphysischer Erklärungen überzeugt ist. Vielleicht liegt es richtig, vielleicht nicht.«[57]

Jung hat Indien bewundert, aber seine Bewunderung galt dem Inder als einem zivilisierten »noblen Wilden«, der eine gewisse Sensibilität besaß,

56 C.G. Jung (1953): Letters, Bd. 2. Princeton (Princeton University Press), S. 302f.
57 Ebd., S. 254f. (Zitat in eigener Übersetzung).

die einen Westler nostalgisch stimmen konnte, die aber nicht länger sein Eigen ist. Diese Sensibilität unterschied sich von dem Weg, den die westliche Zivilisation eingeschlagen hatte. Jung schrieb nach seinem Besuch in Indien 1938:

> »Das indische Leben ist unvorstellbar reich an Farbe und Detail, aber es scheint im Wesentlichen flüchtig und träumerisch, da es der unbewussten Welt Ausdrucksmöglichkeiten gibt, die sich der Westler nicht erlaubt. Inder denken nicht wie Westler, sondern empfinden ihre Gedanken ähnlich den Gedankenprozessen der Primitiven. Das entspricht der natürlichen Entwicklung einer Zivilisation, die jedes grundlegende Merkmal der Primitivität mit sich bringt.«[58]

»Yoga« oder indisches metaphysisches und psychologisches Gedankengut war also laut Jung im Wesentlichen nicht kompatibel mit der westlichen Psyche und konnte sogar schädlich sein, wenn seine Lehren und Methoden direkt übernommen wurden. »Yoga für mich«, schrieb Jung in einem Brief,

> »ist nicht mehr als ein Untersuchungsgegenstand. Weder beeindruckt es mich noch lasse ich mich von ihm täuschen. Während meines Aufenthalts in Indien habe ich gesehen, dass Yoga überhaupt nicht das ist, wofür wir es halten. Hatha Yoga ist oft nicht mehr als Aerobics oder schlicht Gymnastik; oder anderweitig ist es eine physiologische Konzentrationshilfe, eine Hilfe, die diese hoch emotionalen Menschen unbedingt für ihre Selbstbeherrschung brauchen.«[59]

Jungs Reise nach Indien, auf der er sich eine amöbische Durchfallerkrankung zuzog, verstärkte seine Ambivalenz gegenüber dem Subkontinent, seiner metaphysischen Gedankenwelt und sogar seiner Mystiker. Während er in Madras war, wurde ein Treffen mit Ramana Maharshi, einem der größten Heiligen seiner Zeit, arrangiert, aber zu dieser Zeit war Jung bereits »so verstrickt mit der offensichtlichen *maya* [Illusion] dieser Welt, dass es [ihm] egal war, wenn selbst zwölf Maharishis übereinander da gewesen wären.«[60]

58 C.G. Jung (1970): Collected Works, Bd. 10. Princeton (Princeton University Press), S. 525 (Zitat in eigener Übersetzung).

59 Jung (1953): Letters (a.a.O.), S. 310 (Zitat in eigener Übersetzung).

60 Ebd., S. 478.

Er hatte, wie auch andere westliche Touristen, eine Ungeduld gegenüber allem, was er als »indische Indifferenz« im Umgang mit den Aufgaben und Problemen der Gegenwart wahrnahm. Er kommentierte Parmahansa Yoganandas *Autobiographie eines Yogi* mit den Worten:

> »100% reines Kokosnussöl, bei 105 Grad Fahrenheit im Schatten stehend und 100% Luftfeuchtigkeit [...], ein unübertreffliches Gegenmittel zur verheerenden Bevölkerungsexplosion und Verkehrsstaus und des drohenden spirituellen Hungers, so reich an Vitaminen, dass Eiweiß, Kohlenhydrate und andere derartige Banalitäten überflüssig werden. Glückliches Indien! Kokosnuss-Palmen-umsäumte Elephantitis-Insel, nach heißem Öl stinkende Chappatis [Fladenbrote] – oh, meine Leber erträgt es nicht länger!«[61]

An unterschiedlichen Stellen in seinen Schriften und Briefen hat Jung den Inder (d.h. den Hindu) als weich, passiv, und feminin charakterisiert, wogegen der Europäer hart, aktiv und maskulin ist. Er stellt den intuitiven und introvertierten Inder dem wissenschaftlich orientierten und extrovertierten westlichen Menschen gegenüber. Der Inder lebt in einer Zeitlosigkeit, an der Realität und Geschichte nicht interessiert, wobei die Welt der Europäer das Gegenteil ist. Indisches Bewusstsein ist ausschließlich matriarchal, während das westliche Bewusstsein einen Differenzierungsprozess des Elternbildes durchlaufen hat: Es hat beides, einen Vater und eine Mutter, auch wenn es die Letztere enteignet haben mag. Indien wurde für Jung zum psychischen Gegenpol Europas, das Unbewusste des Westens, während das Indische zu einer Karikatur von allem wurde, was der Europäer nicht war – eine Karikatur, der mit Zuneigung, teilweise sogar Bewunderung, begegnet wurde, aber trotzdem blieb sie eine Karikatur.

Die Frage ist nicht, ob Jung mit seiner Einschätzung der indischen kulturellen Psychologie recht hatte oder nicht. Meine Bedenken richten sich vielmehr darauf, dass sich seine Ergebnisse nicht aus seinem viel gepriesenen Empirismus herleiten, also auf der Basis einer langjährigen Beschäftigung mit den geistigen Erzeugungen indischer Patienten oder mit Ergebnissen der indischen Vorstellungswelt, beispielsweise ihrer Mythologie, Legenden und Geschichten, sondern aus der Betätigung und den Bedürfnissen eines hegemonialen europäischen Bewusstseins, das sich in Indien mit all dem

61 Ebd., S. 42f.

zu Hause fühlte, was es in Europa für verloren hielt. Indien war für Jung ein schwarzer Spiegel, in dem sich der Europäer vage erkennt, dennoch ein Spiegel, ein Objekt, das man benutzen kann, das man sich, falls notwendig, aneignen kann, das aber nicht als Subjekt aus sich selbst heraus eine Berechtigung hat. Wie der Diskurs über den Sexismus, der Frauen entweder als Huren entwertet oder sie als unberührbare Göttinnen erhöht, tut der koloniale psychologische Diskurs nicht-westliche Menschen entweder als irrational und wenig differenzierte Primitive ab oder erhöht sie zu einer Klasse nobler Wilder, die den unbewussten Rhythmen der Natur und des Lebens nahestehen und eine intuitive Weisheit besitzen. Während Freud eher eine Tendenz zur ersten Kategorie hatte, repräsentiert Jung offensichtlich die letztere; beide waren Kinder der Kolonialzeit und beeinflusst von europäischer, hegemonialer Ideologie.

Indische Intellektuelle reagierten auf Jungs erklärte Bewunderung ihrer traditionellen Gedankenwelt und seinen Verweis auf Parallelen zwischen Psychologie und »Yoga« mit Dankbarkeit und Stolz. Jungs Haltung war eine dringend benötigte Polsterung nationalen Selbstbewusstseins, eine geschätzte Quelle der narzisstischen Zufuhr. Universitäten in Benares, Allahabad und Kalkutta, die eng mit Indiens nationalen Bestrebungen verbunden wurden, zeichneten Jung mit Ehrenwürden aus und er wurde während seiner indischen Reise reichlich umschmeichelt. Im Gegensatz zur freudianischen Schule, konnte sich die jungianische Psychologie in Indien jedoch nicht mit einem eigenen therapeutischen System etablieren. Es gibt keine institutionelle Struktur, nach der Praktizierende in der jungianischen therapeutischen Methode ausgebildet werden könnten und – von wenigen Ausnahmen abgesehen – gibt es in den Städten keine ausgebildeten praktizierenden Jungianer. Auf der Suche nach ihrem eigenen antikolonialistischen Anliegen fanden indische Intellektuelle, dass Jung die »Wahrheit« über indische Metaphysik bestätigt hatte, eine Quelle ihrer »Überlegenheit« gegenüber dem Westen. In diesem Bestreben ignorierten sie (und tun dies bis heute auch weiterhin) Jungs Ambivalenz und starke Reserviertheit gegenüber der indischen Gedankenwelt. Genauso wie Freud und Jung Indien für ihre eigene Sache eingenommen hatten, wurde nun Jung von indischen Intellektuellen für ihre Anliegen eingenommen, nämlich der Erhaltung einer indischen Identität im Dienste ihrer Polemik gegen die hegemonialen Bestrebungen des Westens.

Betrachtet man Jung und Freud durch die Brille des Anti-Kolonialismus, frisch poliert durch moderne Theorien des Dekonstruktivismus, haben Inder Freuds Theorien im Großen und Ganzen zurückgewiesen und betrachten Jungs Psychologie als eine Hommage. In beiden Fällen fand jedoch selten eine seriöse Auseinandersetzung mit den Inhalten ihrer Psychologien und ihrem Verhältnis oder ihren Gegensätzlichkeiten zur indischen Psychologie und Philosophie statt, genauso wenig wie die zugängliche empirische Datenlage sorgfältig überprüft wurde. Eine wahrhafte Begegnung westlicher und indischer Psychologie, frei von einem versteckten kolonialen Diskurs auf der einen Seite und antikolonialer, polemischer Absichten auf der anderen Seite, muss erst noch stattfinden.

V. Psychoanalyse in nicht-westlichen Kulturen

Die Beziehung zwischen der Psychoanalyse und nicht-westlichen Kulturen ist historisch betrachtet nicht besonders befriedigend. Trotz seines breiten kulturellen Interesses war Freud indifferent gegenüber allem, das außerhalb der westlichen intellektuellen und künstlerischen Tradition lag. Und aus naheliegenden Gründen trug Jungs Begeisterung für östliche Philosophie und Heilslehren nicht zu einem wachsenden Interesse an bedeutenden nicht-westlichen Kulturen bei, sondern dämpfte dieses sogar.

Die psychoanalytische Beschäftigung mit nicht-westlichen Kulturen war jedoch nicht nur eingeschränkt, sondern ihr gelegentliches Interesse zeigte entweder die eine oder die andere der folgenden zwei Tendenzen: Erstens war sie in den frühen Jahren ihrer Entwicklung, als die Psychoanalyse damit beschäftigt war, die Universalität ihrer Entdeckungen zu behaupten und zu verteidigen, Verfechter der klassischen Position der »psychischen Einheit des Menschen«. Liest man heute die frühen Schriften wieder, die sich mit verschiedenen Aspekten nicht-westlicher Kulturen befassen, fällt einem noch einmal die aneignende Art und Weise auf, mit der sich Psychoanalyse mit diesen Kulturen beschäftigt. Sie wurden als Gebiete betrachtet, die es zu besetzen galt, und zwar besonders für den Ödipuskomplex. Angesichts dieses Selbstverständnisses der »analytischen Vorreiter« als Eroberer und gleichzeitig Verteidiger konnte die psychoanalytische Begegnung mit anderen Kulturen nicht ein gemeinsames Lernen und Erforschen menschlicher Existenz sein. Das Hauptanliegen der Psychoanalyse schien darin zu bestehen, ihre Schlüsselbegriffe zu schützen und zu untermauern, indem entsprechende Beweise gesammelt wurden. Die Möglichkeit, dass andere Kulturen mit ihren andersartigen Weltanschauungen, Familienstrukturen und Beziehungen einen eigenen Beitrag zur Entwicklung psychoanalytischer Prinzipien und Modelle leisten könnten, wurde schlicht ignoriert. Dieser eurozentrische Ansatz ist in Geza Róheims breit angelegter wissenschaftlicher Erforschung anderer Kulturen in vielerlei Hinsicht exemplarisch veranschaulicht.[62] Róheim wandte Freuds Theorien wie unumstößliche naturwissenschaftliche Gesetzte an: Er bemühte sich, zu zeigen, dass in Mythen und Träumen, in Ritualen und im künstlerischen Schaffen verschiedener Kulturen die gleichen infantilen Fantasien und die gleichen Symbole und mythischen Figuren auftraten und immer wiederkehrten.[63]

Die zweite Besonderheit der analytischen Begegnung mit nicht-westlichen Kulturen hat mehr mit ihrer klinischen Seite zu tun als mit der Erhaltung ihrer theoretischen Grundsätze. Mit ihren klar definierten Zielen seelischer Gesundheit (selbst wenn man einräumt, dass sie eher Idealen entsprachen, die zwar angestrebt, aber nicht unbedingt erreicht wurden) hatte die frühe Psychoanalyse eine festgelegte Vorstellung von der »gesunden Persönlichkeit«, dem »genitalen Charakter« oder der »reifen Person«. Die Unterscheidung in gesund und neurotisch wurde bald auf ganze Gemeinschaften übertragen, zum Beispiel in den Schriften von Georges Devereux und seinen Schülern.[64] Es war absehbar, dass die nicht-westlichen Kulturen näher zum neurotischen Pol des Spektrums gerückt wurden, und ihre Seelenärzte, die Schamanen, gar für psychotisch erklärt wurden.[65]

Die Billigung, das Konzept der Neurose von Individuen auf ganze Kulturen zu übertragen, wurde einmal mehr aus den Arbeiten von Freud abgeleitet, obwohl Freud selbst mit seinen Äußerungen zu diesem Thema sehr viel vorsichtiger gewesen ist. So schreibt er in *Das Unbehagen in der Kultur* (1930):

62 G. Róheim (1950): Psychoanalysis and Anthropology: Culture Personality and the Unconscious. New York (Int. Univ. Press).

63 G. Róheim (1977): Eternal Ones of the Dream: A Psychoanalytic Interpretation of Australian Myth and Ritual. New York (International Universities Press).

64 G. Devereux (1956): Normal and abnormal. In: G. Devereux (1980): Basic Problems in Ethnopsychiatry. Chicago (University of Chicago Press); J. L. M. Masson (1980): The Oceanic Feeling. Dordrecht (Reidel).

65 L. B. Boyer (1962): Remarks on the personality of shamans: with special reference to the Apache of the Mescalero Indian reservation. The Psychoanalytic Study of Society 2, S. 233–254.

> »Auch stößt die Diagnose der Gemeinschaftsneurosen auf eine besondere Schwierigkeit. Bei der Einzelneurose dient uns als nächster Anhalt der Kontrast, in dem sich der Kranke von seiner als ›normal‹ angenommenen Umgebung abhebt. Ein solcher Hintergrund entfällt bei einer gleichartig affizierten Masse, er müsse anderswoher geholt werden. [...] Trotz aller dieser Erschwerungen darf man erwarten, dass jemand eines Tages das Wagnis einer solchen Pathologie der kulturellen Gemeinschaften unternehmen wird«.[66]

Einige Analytiker haben sich tatsächlich darauf eingelassen, solche kulturellen Pathologien zu konstruieren. Bei diesem Vorhaben wurde der durchschnittliche westliche Mittelklasse-Mann zum Maßstab, um neurotische Abweichungen bei Menschen nicht-westlicher Kulturen zu bemessen.

Die Ergebnisse sind, um es milde auszudrücken, nicht gerade ermutigend. Um meine eigene Gesellschaft – Indien – als Beispiel zu nehmen: Laut der meisten dieser Schriften werden orale Fixierung und Abhängigkeit dort angeblich nie richtig überwunden und der Ödipuskomplex hat sich in Indien nicht richtig gelöst.[67] In einem 1981 verfassten Artikel in der *International Review of Psychoanalysis* wurden indische Verhaltensmuster beispielweise erklärt als

> »das Ergebnis einer intensiven libidinösen Befriedigung während der oralen, analen und phallisch-exhibitionistischen Phasen in Verbindung mit strenger Beschränkung der Aggression, gefolgt von Überstimulation in der ödipalen Phase und harten Frustrationen während der Latenzzeit. Die genannte Abfolge erfordert starke Abwehrmaßnahmen, insbesondere gegen den Sadismus und begünstigt die Reaktionsbildung. Insbesondere gibt es einen Sog zu oraler Fixierung [...]. Rigide Vorschriften rund um das Essen und Töten von Tieren lassen an Reaktionsbildungen denken. Orale Erotik zeigt sich in der kulturellen Betonung der Großzügigkeit. Besonders in Bezug auf Essen, institutionalisierter Abhängigkeit, Totalitarismus, usw.«[68]

---

66 S. Freud (1930): Das Unbehagen in der Kultur. In: StA, Bd. IX, S. 191–270, hier S. 269.

67 C.D. Daly (1927): Hindu-Mythologie und Kastrations-Komplex. Imago 13, S. 145–198; J.D. Mitchell (1957): The Sanskrit drama Shakuntala and the Oedipus complex. American Imago 14, S. 389–405.

68 M. Silvan (1981): Reply to Alan Roland's paper on Psychoanalytic perspectives on personality development in India. I.J. Psycho-Anal. 8, S. 93–99, hier S. 97 (Zitat in eigener Übersetzung).

Abgesehen davon, dass man anzweifeln muss, ob die Autoren dieser Beiträge überhaupt über eine ausreichend detaillierte Kenntnis der indischen Kultur und Gesellschaft verfügen, um Interpretationen zu geben, die empathisch und phänomenologisch angemessen sind, gibt es einige grundlegende Schwierigkeiten bezüglich der psychoanalytischen Vorstöße in nicht-westliche Kulturen. Erstens stellt sich die Frage, auf welcher Grundlage Befriedigungen in anderen Kulturen als intensiv oder unzulänglich, Stimulierungen als »unzureichend« oder »übermäßig«, eine Frustration als stark oder milde beurteilt werden. Hinter scheinbar harmlosen Adjektiven verstecken sich kulturelle Annahmen und Einstellungen, die mit wissenschaftlichen Erklärungen verschmolzen werden. Lassen Sie mich dies anhand einiger Beispiele illustrieren.

Es ist bekannt, dass ein indischer Säugling vom Moment seiner Geburt an beständig von direktem Körperkontakt umgeben ist, da er unablässig physisch umsorgt wird.[69] Die Erfahrung des mütterlichen Körpers ist für den Säugling berauschend, da er ständig in den Armen der Mutter umschmust wird. Nach einigen Monaten, wenn das Baby fähig ist, auf dem Bauch zu liegen, wird es rittlings auf der Hüfte der Mutter getragen, wenn sie Nachbarn besucht, zum Markt geht, in den Feldern arbeitet oder andere Besorgungen erledigt. Zu anderen Zeiten (und an anderen Orten) wird der Säugling in ähnlicher Weise auf dem Bauch oder Rücken der Mutter oder ihrer Stellvertreterin getragen. Das Kind schläft nachts viele Jahre mit der Mutter im gleichen Bett und wechselt erst dann zum Schlafplatz anderer Familienmitglieder, wenn das mütterliche Bett zu eng wird, beispielsweise nach der Geburt eines weiteren Kindes. Patienten, die bis zur Pubertät im Bett der Mutter schliefen, sind in der indischen analytischen Praxis keine Ausnahme. Der Geruch der Mutter (oder ihrer Stellvertreterin), ihre Körperwärme und die Beschaffenheit ihrer Haut durchdringen die frühen Sinneserfahrungen der meisten Inder, und dies in einem Klima, in dem das Kleinkind kaum oder überhaupt keine Kleidung trägt.

Es gibt auch Erregungsquellen, die spezifisch sexueller, genitaler Art sind und die auf kulturellen Gebräuchen und der materiellen Situation beruhen. Sinha beschreibt beispielsweise, dass Leute in bengalischen Dörfern den Kleinkindern rote und schwarze Kordeln um die Taille binden, knapp

69 Siehe das dritte Kapitel in S. Kakar: The Inner World (a. a. O.).

über den Hüftknochen. Von diesen Kordeln baumeln Kupfermünzen oder kleine Muschelschnecken, die gewöhnlich die Beckenregion berühren und das Kind so genital stimulieren.[70] Da in den meisten indischen Haushalten Eltern und Kinder in einem einzigen Raum zusammenleben und schlafen, haben Kinder häufig die Gelegenheit, den elterlichen Beischlaf mitzubekommen. Die bei diesen Gelegenheiten erlebte sexuelle Erregung wird, da sie sich häufig wiederholt, psychisch integriert und ist normalerweise nicht Quelle untragbarer Störungen. Mit anderen Worten: Die Urszene verlängert sich zu einem Theaterstück und ist nicht ein folgenschweres Ereignis, wie in den Analysen westlicher Mittelklassepatienten mit ihren so anderen Lebensumständen, Vorstellungen der Privatsphäre sowie der Mystifizierung des »elterlichen Schlafzimmers«.

Die intensivere Stimulierung der Sinne und die sexuelle Erregung des Kindes ist in Indien schlicht ein Teil des Heranwachsens. Aus indischer Perspektive wäre die Behauptung, dass ein europäisches oder amerikanisches Kind sinnlich ausgehungert oder unstimuliert sei, genauso gültig wie das Gegenteil aus westlicher Perspektive. Analytiker, die sich klinisch oder forschend in anderen Kulturen bewegen, sollten sich an folgende Äußerung von Erik H. Erikson erinnern:

> »Während es nun ganz klar ist, was geschehen muß, damit das Kind am Leben bleibt (ein Mindestmaß an Nahrung und Anregung), und was nicht geschehen darf, damit es nicht körperlich geschädigt und chronisch gestört wird (Überschreitung eines eben noch zulässigen Maßes an früher Frustration), bestehen Meinungsverschiedenheiten im Hinblick darauf, was geschehen *darf;* und die verschiedenen Kulturen machen ausgedehnten Gebrauch von ihrem Vorrecht zu entscheiden, was sie für richtig und notwendig halten.«[71]

Mein zweites Beispiel bezieht sich auf ein Problem der analytischen Technik, nämlich das Konzept der Neutralität des Analytikers, Freuds »reflektierender Spiegel« beziehungsweise die »Spiegelplatte«.[72] Die analytische Neutralität muss von nicht-westlichen Analytikern im Kon-

70 T.C. Sinha (1977): Psychoanalysis and the family in India. Samiksa 31, S. 95–105.

71 E.H. Erikson (1959): Identität und Lebenszyklus. Frankfurt/M. (Suhrkamp), S. 64f., 1966 (Hervorhebung S.K.).

72 S. Freud (1912): »Ratschläge für den Arzt bei der psychoanalytischen Behandlung«. In: StA, Erg.bd., S. 171–80, hier S. 178.

text breiterer kultureller Kommunikationsmuster erst neu interpretiert und eingeübt werden. Das kulturelle Muster Indiens erfordert, dass der Analytiker sich viel aktiver einbringt als es im klassischen psychoanalytischen Modell erwünscht wird, und zwar ganz unabhängig von der Psychopathologie des Patienten.

Es gibt viele Gründe, warum es in Indien schwierig ist, Menschlichkeit, Sympathie und die therapeutische Absicht des Analytikers in einer Atmosphäre reservierter Formalität zu vermitteln – sie verlangen einen offeneren und aktiveren Ausdruck in Indien. Wie ich anderswo ausführte, sind wir uns viel zu wenig darüber bewusst, wie sehr eine gewisse Art der Selbstbeobachtung eine unabdingbare Voraussetzung für die Psychoanalyse ist und damit einer typisch westlichen Denkweise entspricht, die tief in der philosophischen und literarischen Tradition des Abendlandes verwurzelt ist.[73] Simon und Weiner haben gezeigt, dass die Innenschau als Charakterzug der westlichen Zivilisation bis in die Antike zurückverfolgt werden kann: Im spätgriechischen Denken wurde die Definition des Selbst und der Identität von der aktiven Erforschung, Auswahl und Prüfung der Ereignisse des eigenen Lebens bedingt.[74] Die Selbstbeobachtung hing eng mit der Idee des »wahren Selbst« zusammen, typisch dafür ist das sokratische »Erkenne dich selbst«. Eine solche Form der Introspektion ist jedoch kein Zug der indischen Kultur und ihrer literarischen Traditionen. Sogar im Genre der Autobiografie, die im Grunde westlicher Herkunft ist, sind indische Lebensbeschreibungen oft erstaunlich oberflächlich, sofern es um die Überprüfung der Motive und Gefühle der eigenen Vita geht. Von wenigen Ausnahmen abgesehen, sind indische Autobiografien »Karriereberichte« und Erinnerungen an Orte, mit anderen Worten Aufzeichnungen von Geschehnissen, aus denen das Selbst im Sinne subjektiven Fühlens und Erlebens herausgeschnitten wurde. Diese Beobachtung ist nicht als Kritik gemeint, sondern verweist auf das Fehlen eines indischen Pendants zur westlichen Introspektion. Die meditativen Verfahren der »Selbsterfahrung« indischer psychophilosophischer Schulen, die der Introspektion möglicherweise vergleichbar wären, sind anderer Natur und verfolgen grundlegend andere

73 Siehe das erste Kapitel in S. Kakar (2006): Schamanen, Mystiker und Ärzte (a.a.O.).

74 B. Simon & H. Weiner (1966): Models of mind and mental illness in ancient Greece. Journal of the History of Behavioral Sciences 2, S. 303–314.

Ziele. Im indischen Gebot »Erkenne Dein Selbst« *(atamanam vidhi)* ist ein ganz anderes Selbst gemeint als in dem Sokrates'schen »Erkenne *Dich* selbst«. Es ist ein durch Zeit und Raum unberührtes Selbst, das die lebensgeschichtliche Dimension, die Schwerpunkt der Psychoanalyse und westlicher, romantischer Literatur ist, nicht kennt. In einigen der besten Romane Indiens sind jene Abschnitte, in denen es um Selbstwahrnehmung geht, oft stockend und unsicher. Der nach innen gerichtete Blick ruht eher auf einem Selbst im Sinne der indischen Philosophie, als auf dem Selbst einer individuellen Psychologie. Lassen Sie mich anfügen, dass ich mich hier auf breitere kulturhistorische Begriffe beziehe und nicht auf die introspektive Kapazität einzelner Individuen in Indien oder auch im Westen, die selbstverständlich stark variieren können. Ich kann mich allerdings des Eindrucks nicht erwehren, dass bei indischen Patienten, die weder zur verwestlichten Oberschicht noch zu den gebildeten Mitgliedern der traditionellen Elite gehören, die »psychologische Denkweise«, die als eine der Indikatoren zur Analysierbarkeit zählt, selten anzutreffen ist.

Ein indischer Analytiker muss sich mit dem Umstand abfinden, dass für die meisten seiner Patienten emotionale Probleme keine lebensgeschichtliche Dimension haben oder, noch allgemeiner ausgedrückt, nicht psychischen Ursprungs sind. Wenn sie nicht der Besessenheit durch übelwollende oder unzufriedene Geister zugeschrieben werden, die definitiv *außerhalb* des Individuums liegen, werden die Konflikte und Störungen häufig als Wirkung des *karma* aus einem vorhergehenden Leben betrachtet. So rief eine knapp 30-jährige Frau, die sich durch einen Traum ihrer aggressiven Impulse gegen ihren Mann bewusst wurde, spontan aus: »Ah, das habe ich meinen *samskaras* zu verdanken [den karmischen Spuren eines vergangenen Lebens]. Wie sehr ich mich auch bemühe eine gute Ehefrau zu sein, meine schlechten samskaras hindern mich daran.«

Die Neigung, die samskaras zu betonen, statt konfliktreiche Gefühle, Gedanken und Handlungen im Kontext der eigenen Lebensgeschichte anzunehmen und zu verarbeiten, ist eine kulturell spezifische Form des Widerstands bei der Psychotherapie indischer Patienten. Diese kulturelle Sichtweise braucht kein Hindernis für die deutende Arbeit des Psychoanalytikers zu sein, wenn er die Bereitschaft hat, sozusagen als »Übersetzer« zu fungieren. So sagte ich beispielsweise zu dieser Patientin: »Ja, die samskaras aus früheren Leben im Kreislauf der Wiedergeburten kann niemand kennen. Aber die samskaras aus dem früheren Leben deiner Kindheit, die auch vergessen sind, können wir in unserer Zusammenarbeit vielleicht in Erinnerung rufen, um ihren Beitrag an den jetzigen Schwierigkeiten zu erkennen.« Vielleicht sollte ich an dieser Stelle einfügen, dass die *kulturelle* Sichtweise, psychische Probleme zu erkennen und mit ihnen umzugehen, nicht einheitlich ist. In Indien – wie vielleicht in jeder anderen Kultur auch – gibt es zwei Arten von Patienten: Die einen neigen dazu, die Quelle des Leidens außerhalb des Menschen zu lokalisieren, nämlich beispielsweise in bösen Geistern oder Göttern, während die anderen menschliches Leiden als Folge von Ursachen betrachten, die im Individuum verinnerlich sind.

Selbstbeobachtung im westlichen Sinne muss den Patienten daher oft erst beigebracht werden, weshalb ein indischer Analytiker häufig didaktischer sein muss als seine westlichen Kollegen. Außerdem unterstreichen die praktische Kindererziehung und die Ideologie sozialer Beziehungen die enge, »symbiotische« Beziehung zu anderen Bezugspersonen.[75] Das Maß an Mitgefühl und Interesse, Wärme und Empfänglichkeit, das der indische Analysand von seinem Analytiker erwartet, entspricht mehr den Vorstellungen, die er von einem Guru hat, als denen, die er von einem professionellen Arzt erwarten würde – dem Beziehungsmodell, dem die Analyse im Westen unterliegt. Ein indischer Analytiker, der ein Interesse daran hat, seine Patienten zu behalten, kann diese kulturellen Erwartungen nicht ignorieren und muss seine analytische Neutralität innerhalb der durch die kulturellen Erwartungen vorgegebenen Parameter anpassen. Die Hervorhebung der Sprache in der analytischen Kommunikation steht zudem im Gegensatz zum vorherrschenden indischen Idiom, bei dem Worte nur ein kleiner Teil des riesigen Repertoires an Zeichen und Symbolen sind. Tonlage und Intonation der Stimme, Mimik, Gebärden und Gesten spielen eine große Rolle bei jeder persönlichen Begegnung. Auch der indische Analytiker ist diesen Erwartungen gegenüber nicht unempfänglich, da ja auch er in das kulturelle Idiom eingebettet ist.

Anhand meiner Beispiele verdeutlicht sich möglicherweise, dass ich zwar für eine Relativierung der Psychoanalyse aufgrund nicht-westlicher Erfahrungswerte plädiere, aber ich ihre großen Entdeckungen nicht

75 S. Kakar (1978): The Inner World (a.a.O.); A. Roland (1980): Psychoanalytic perspectives on personality development in India. I.J. Psycho-Anal. 7, S. 73–87.

grundsätzlich infrage stelle. Letztere basieren auf gemeinsamen, universellen Erlebnissen, die sich im Säuglingsalter und der Kindheit als Teil der Familienstruktur begründen. Meine relativierenden Ausführungen handeln eher davon, die Grenzen verschiedener analytischer Konzepte abzustecken, ihre relative Bedeutung innerhalb des Gedankengebäudes der Psychoanalyse festzulegen und kulturspezifische Formulierungen von dem zu trennen, was wirklich universell ist. Nur sehr wenige Theoretiker haben sich umsichtig mit Überlegungen kulturspezifischer Ausformungen, Verformungen, Ausführungen und Veränderungen analytischer Konzepte beschäftigt. Erikson ist auch hier wieder eine bemerkenswerte Ausnahme, zum Beispiel wenn er den epistemologischen Status seiner Theorie des Lebenszyklus wie folgt zusammenfasst:

> »Während der genaue Beginn eines psychosozialen Entwicklungsstadiums *(Alter)* und deren *Dauer*, sowie auch die Intensität der dazugehörigen Konflikte von einer Kultur zur anderen und von einem Individuum zum anderen dramatisch variieren können, stehen die *Art* und die *Reihenfolge* dieser Stadien fest. Dies deshalb, weil sie sowohl mit den physiologischen Entwicklungsstufen wie auch den grundlegenden Erfordernissen jeder sozialen Ordnung aufs engste verbunden sind.«[76]

Versuche, entscheidende analytische Konzepte zu relativieren, wurden kaum unternommen, was größtenteils in der Natur der Triebtheorie selbst liegt. In der weitgehend akzeptierten Version der Triebtheorie gelangt Kultur – als strukturierendes Element – erst in einer recht späten Phase der Entwicklung in die Psyche, nämlich mit der Ausformung des Überichs. Freud gestand übrigens dem sozialen und kulturellen Umfeld eines Individuums eine bedeutendere Rolle zum Verständnis des Überichs zu, als es die meisten klinischen Studien heute tun. Freud schrieb 1930 über die Erscheinungsformen und Eigenschaften des Überichs:

> »Ja, hier stellt sich der merkwürdige Fall her, dass die hierhergehörigen seelischen Vorgänge uns von der Seite der Masse vertrauter, dem Bewusstsein zugänglicher sind, als sie es beim Einzelmenschen werden können.«[77]

---

76 E.H. Erikson (1979): Report to Vikram: further perspectives on the life cycle. In: S. Kakar (Hg.): Identity and Adulthood. Delhi (Oxford University Press), S. 13–34, hier S. 26 (Zitat in eigener Übersetzung).

77 S. Freud (1930): Das Unbehagen in der Kultur (a.a.O.), S. 267.

Neben der implizit herabsetzenden Bewertung der Kultur als »später« im Gegensatz zu »früher« (in ihrer Bedeutung für die psychische Entwicklung des Individuums) leidet sie zudem in der klassischen psychoanalytischen Theorie unter dem Stempel eines »Oberflächenphänomens«, und eben weil sie für die Entwicklung als eher »vordergründig« statt »tief« oder bedeutend gehalten wird, wird Kultur nicht als wesentlich im individuellen psychischen Leben betrachtet. Einer der Gründe dafür ist natürlich, dass die psychischen Tiefen des verdrängten Unbewussten im klassischen Triebmodell aus Ableitungen phylogenetisch bestimmter sexueller und aggressiver Impulse bestehen, die unabhängig sind vom kulturellen Erbe eines Individuums. Nur in den »relationalen« Theorien, bei denen das Unbewusste ganz spezifische Bilder vom Selbst und vom anderen birgt, die in der gesellschaftlichen Struktur, in der das Individuum aufwuchs, als untragbar erachtet werden, hat Kultur eine Chance, in den »Tiefen« eine Rolle zu spielen.

Das Festhalten an der klassischen Triebtheorie ist vielleicht auch der Grund, warum es den psychoanalytischen Bewegungen in den zwei nicht-westlichen Gesellschaften Indien und Japan nicht gelungen ist, genügend klinisches Material zusammenzustellen, das dazu beitragen könnte, die kulturelle Relativität analytischer Konzepte zu beleuchten. Bei einem solchen Unterfangen geht es jedoch nicht nur darum, analytische Behauptungen anhand von klinischem Material dieser Kulturen zu überprüfen. Die Trennung von Daten und Theorie ist eine extrem schwierige, wenn nicht sogar unmögliche Aufgabe, da der theoretische Rahmen die Konzepte ordnet, die auch unsere Beobachtungen und Erklärungen hervorbringen. Wie Greenberg und Mitchell hervorgehoben haben, ist sowohl die Art und Weise, mit der Psychoanalytiker den Patienten wahrnehmen und seine Konflikte beschreiben, als auch die diagnostischen Kategorien, die benutzt werden, abhängig von ihren theoretischen Annahmen.[78] Die Art kultureller Daten, von denen ich hier spreche, die gewöhnlich bei den Analysen japanischer oder indischer Patienten zu erwarten wären, fehlen unvermeidlich in Studien jener psychoanalytischer Beobachter, die sich vorrangig einem theoretischen

78 J.R. Greenberg & S.A. Mitchell (1983): Object Relations in Psychoanalytic Theory. Cambridge/Mass. (Harvard University Press).

Modell verpflichtet fühlen, das genau diese Daten als »soziologisch« ausschließt, statt sie als »psychologisch« zu integrieren.

Die »freischwebende Aufmerksamkeit« des Analytikers schwebt also nicht ganz so frei, wie es viele vermuten. Sie wird beeinträchtigt durch theoretische Vorlieben des Analytikers, die sich bei manchen Ausführungen des Patienten eher festhaken als bei anderen. Sie sind auch eingeschränkt durch seine unbewussten Vorstellungen der Natur des Menschen und der Gesellschaft, die im hohen Maße kulturell konstituiert sind. Gewöhnlich bilden diese traditionellen Vorstellungen in ein und derselben Gesellschaft die Bausteine einer sozial konstruierten Realität, die sowohl vom Patienten als auch vom Analytiker und der Gesellschaft, der beide angehören, geteilt wird. Sie bilden damit die unaufdringliche Kulisse, vor der die analytische Arbeit stattfindet. Jedoch ist es ein grundlegendes Problem bei der psychoanalytischen Praxis in nicht-westlichen Kulturen (und auch bei dynamischen Psychotherapien mit Patienten aus anderen ethnischen Gruppen in westlichen Gesellschaften), dass diese Kulisse nicht ganz so neutral ist. In der Tat wird sie zu einem aktiven Eindringling im analytischen Prozess. Die sozial konstruierte und geteilte Realität nichtwestlicher Patienten unterscheidet sich in wesentlichen Punkten von der bewusst gewählten psychoanalytischen Weltsicht des Analytikers, die tief im westlichen Zeitgeist einer bestimmten historischen Epoche verwurzelt ist. Lassen Sie mich dieses Thema anhand der Psychoanalyse in Indien ausführen.

Der theoretische Horizont der klassischen Psychoanalyse ist von einer spezifischen Wahrnehmung menschlicher Erfahrung durchdrungen, bei der die Individualität des Menschen und seine darin eingeschlossene subjektive Welt betont werden. Diese Sichtweise des Menschen hat eine lange Geschichte in der westlichen politischen und sozialen Philosophie und wurde während der Aufklärung vorherrschend. Gemeinsam mit anderen Werten der Aufklärung, wie zum Beispiel der Existenz und Erkennbarkeit objektiver Realität, einer echten Wahlmöglichkeit und das, was Kohut »knowledge values and independence values of Western man« nannte,[79] durchdringt das Modell des Menschen als Individuum grundlegende Prämissen der klassischen Triebpsychologie. Der Kern

79 H. Kohut (1982): Introspection, empathy and the semi-circle of mental health. I.J. Psycho-Anal. 63, S. 395–407.

psychoanalytischer Untersuchung ist demnach das Individuum, das für sich allein steht. Der Mensch wäre also nicht das »Zoon politikon« von Aristoteles; er bräuchte keine soziale Organisation, die ihm gestatten würde, sein wahres menschliches Potenzial zu entfalten. Die Gesellschaft wird hierbei einem bereits vollständigen Individuum zu seinem eigenen Schutz auferlegt, jedoch zum Preis der Entsagung vieler seiner wichtigsten persönlichen Ziele. Es ist deshalb möglich, ja sogar notwendig, von einer Person so zu sprechen, als ob sie von ihrem zwischenmenschlichen Umfeld getrennt wäre.[80]

Diese Einstellung gegenüber einer Person, Freuds Version des aufgeklärten Menschen, der die Wahrnehmungen und Handlungen des Analytikers in der analytischen Situation lenkt, kann nicht für alle Kulturen und historischen Epochen so gelten.

So ist der Mensch aus hinduistischer Perspektive beispielsweise eher ein »Dividuum«, d.h., er ist teilbar. Nach Marriott ist das hinduistische »Dividuum« keine Monade, sondern mindestens eine Dyade, deren persönliche Natur zwischenmenschlich ist.[81] Individualität in Indien ist nicht von Geburt an gegeben, sondern ist eine Errungenschaft, die erst im letzten Stadium des Lebenszyklus erreicht wird, wenn der Mensch idealerweise zu einem »Entsager« wird und es ihm gelingt, sich von allen menschlichen Bindungen und Beziehungen loszulösen. Hindus bestehen also gemäß dem herrschenden Bild ihrer Kultur aus Beziehungen: Alle Affekte, Bedürfnisse und Motive sind relational und ihre Leiden sind Störungen von Beziehungen, und zwar nicht nur der menschlichen, sondern auch derjenigen zur Natur und der kosmischen Ordnung. Diese Betonung der »dividuellen«, transpersonalen Natur des Menschen durchdringt medizinische, astrologische, anthropologische und psychologische Theorien in Indien und wird, um ein Beispiel zu nennen, treffend durch das kulturelle Körperbild veranschaulicht.

Im indischen Körperbild wird die innige Verbundenheit mit der Natur und dem Kosmos betont. Ein aus dem 19. Jahrhundert stammender bengalischer volkstümlicher Text über den Körper drückt dies folgendermaßen aus:

80 J.R. Greenberg & S.A. Mitchell (1983): Object Relations in Psychoanalytic Theory (a.a.O.), S. 44.

81 M. Marriott (1976): Hindu Transactions: Diversity without Duality (a.a.O.).

> »In diesem Universum gibt es ein großes Rad verwandelnder Kraft, das sich unablässig dreht. Die kleinen, einzelnen Räder der verwandelnden Kraft in den Körpern von Lebewesen sind mit diesem Rad verbunden. Genauso wie ein großes dampfgetriebenes Rad den Antrieb gibt und alle Teile der Maschine mitbewegt und sie reibungslos ihre Aufgaben erfüllen lässt; ähnlich drehen die kleinen Räder der verwandelnden Kraft durch die Verbindung zum großen Rad im Körper der einzelnen Lebewesen: Sie helfen bei der Erfüllung der Körperfunktionen wie der Regulierung des Blutkreislaufs, der Verdauung der Nahrung, dem Einatmen und Ausatmen, der Vorwärts- und Rückwärtsbewegung.«[82]

Das indische Körperbild betont den unablässigen Austausch mit der Umwelt. In der traditionellen Medizin – Ayurveda – gibt es, wie Francis Zimmermann beschreibt, »keine Landkarte, keine Topographie des Körpers, sondern nur eine Ökonomie, das heißt Ströme, die hereinkommen oder hinausgehen, in irgendeinem *asrya* (Empfänger) verweilen oder durch irgendwelche *srotas* (Kanäle) fließen«.[83]

Dieses Körperbild steht im scharfen Gegensatz zum westlichen individuellen und klar umrissenen Körperbild, das sich deutlich von den anderen Objekten im Universum abhebt. Auch der psychoanalytischen Theorie liegt eine solche Sicht des Körpers zugrunde: der Körper als starke Festung mit einer eingeschränkten Anzahl an Zugbrücken, die einen geringen Kontakt zur Außenwelt aufrechterhalten. Das Selbst und seine Prozesse werden entsprechend dieser beiden diametral entgegengesetzten Orientierungen entweder als »innerhalb des Körpers« oder als »sich außerhalb der Grenzen der Haut ausdehnend« lokalisiert.

Sogar bei hoch gebildeten, städtischen Individuen, die die Mehrheit psychoanalytischer Klienten in Indien bilden, ist die Orientierung an Beziehungen noch immer der »natürliche« Weg, das Selbst und die Welt zu betrachten. So ist es für Familienangehörige, die den Patienten bezeichnenderweise häufig zu seiner ersten Sitzung begleiten, nicht ungewöhnlich, sich über seine Autonomie als eines der Symptome seiner

82 K.D. Chattopadhyaya (1878): The Doctrine of the Body, S. 31 (Engl. Übersetzung A.N. Sarkar, Department of Anthropology, University of Chicago) (Zitat in eigener Übersetzung).

83 F. Zimmermann (1979): Remarks on the conception of the body in Ayurvedic medicine. Unveröffentlichter Vortrag, ACLS-SSRC-Veranstaltung »Seminar on the person and interpersonal relations in South Asia«, University of Chicago.

Störung zu beklagen. Der Vater und die ältere Schwester eines 28-jährigen Ingenieurs, der eine psychotische Episode durchgemacht hatte, beschrieben nach ihrem Verständnis das Hauptproblem des Patienten als eine unnatürliche Autonomie: »Er ist sehr dickköpfig und macht nur das, was er will, ohne unsere Wünsche mit einzubeziehen. Er denkt, er wisse, was gut für ihn sei und hört nicht auf uns. Er denkt, sein Leben und seine Karriere seien wichtiger als die Bedürfnisse des Rests der Familie.«

Historisch gesehen war die Auffassung vom Menschen als einem »sozialen Tier« auch in der westlichen Tradition von großer Bedeutung, obwohl sie mit der Aufklärung in den letzten Jahrhunderten in den Hintergrund gedrängt wurde. Dieser sogenannte Wert der Gegenaufklärung ist Teil der relativistischen und skeptischen Tradition und reicht weit in die Geschichte westlicher Kulturen zurück. Sie betont, dass die Zugehörigkeit zu einer Gemeinschaft ein grundlegendes Bedürfnis des Menschen ist und dass ein Mensch nur dann am Fluss des Lebens teilhaben und ein vollständiges, kreatives und spontanes Leben führen kann, wenn er wirklich einer solchen Gemeinschaft angehört – und zwar auf natürliche Weise und ohne darüber nachdenken zu müssen.[84]

In einigen neueren Modellen innerhalb der Psychoanalyse wird das Selbst nun stärker relational, in größerer Wechselwirkung mit dem Umfeld gesehen. Dennoch wird dieses relationale Selbst nur in Hinsicht auf Menschen, insbesondere der Familie, gesehen und nicht in der Totalität seines Umfelds, das die physische Umwelt ebenso wie die Gemeinschaft und ihre Götter mit einbezieht.

Wie auch immer ihre Beziehungen zum klassischen Triebmodell sein mögen, stimmen diese Theorien im Allgemeinen darin überein (wobei einem sofort Namen wie Mahler, Winnicott, Kernberg, Kohut oder Erikson einfallen), dass die psychische Repräsentanz von Beziehungen zu anderen die grundlegenden Bausteine seelischen Lebens bilden. Die zunehmende Bedeutung, die der relationale Ansatz in den letzten Jahren gewonnen hat, ist nicht nur die Folge der Veränderungen von Psychopathologien, die bei Analyse-Patienten zu beobachten sind, sondern erklärt sich auch mit dem Rückgang der klassischen Neurosen, die heute stärker von Identitätsproblemen wie Borderline- und narzisstischen Störungen abgelöst werden.

84 I. Berlin (1979): Against the Current: Essays in the History of Ideas. London (Hogarth Press).

Ich würde argumentieren, dass die relationalen Theorien mit ihrem anderen Verständnis menschlicher Entwicklung, psychoanalytischer Technik und therapeutischen Handelns, mit den vorherrschenden kulturellen Orientierungen und Erfahrungen der Menschen nicht-westlicher Gesellschaften übereinstimmen.

Die Psychoanalyse kann die grundlegenden kulturellen Annahmen über die menschliche Natur, die menschlichen Erfahrungen und die Erfüllung menschlichen Lebens nicht einfach verwerfen; und sie könnte beziehungsweise sollte es auch nicht. Sie kann in ihrer Einmaligkeit diesen kulturellen Annahmen aber einen spezifisch analytischen Gehalt geben: eine dynamische Betrachtung, die das Leben als ein komplexes Wechselspiel motivierender Kräfte versteht, die häufig miteinander im Konflikt stehen und außerhalb unserer gewöhnlichen Wahrnehmung wirken und die in intensiver Zusammenarbeit von Patient und Analytiker ins Bewusstsein gebracht werden können – die Einzigartigkeit der analytischen Situation.

VI. Liebe in der islamischen Welt: Leila und Madschnun

»So schlummern die beiden
der Auferstehung entgegen;
es kann kein Tadel ihnen
den Weg mehr verlegen.
Sie hatten sich Treue gelobt
in *dieser* Welt;
sie schlafen in *jener* zusammen
im gleichen Zelt.«

Mit diesen melancholischen Versen beschließt der große persische Dichter Nizami, der Begründer des persischen romantischen Epos, seine Version der alten Geschichte von Leila und Madschnun, *dem* Liebespaar der persisch-islamischen Welt.[85] Leila und Madschnun leben in Gedichten und Liedern, in älteren Erzählungen und modernen Filmen weiter und regen noch immer die romantische Vorstellungswelt der islamischen Bevölkerung Asiens und Afrikas an. Die Grundelemente ihrer Legende fügen sich im realen Leben anderer Liebender und in der Kunst stets neu zusammen. Kein muslimischer Mann war je ein Madschnun, keine muslimische Frau je eine Leila, so wenig wie es Romeo und Julia in Europa wirklich gegeben hat. Aber ohne diese zwingenden Beispiele großer, übergreifender Mythen der Liebe würden wir nicht wirklich

85 Nizami (1963): Leila und Madschnun. Übersetzung: R. Gelpke. Zürich (Manesse), S. 311.

schätzen, warum Männer und Frauen in einer bestimmten Kultur so lieben, wie sie es tun, und wir könnten kaum die individuelle Tiefe ihrer Leidenschaft ermessen. Hervorgegangen aus Träumen, nicht aus Doktrinen, und gelebt in Gestalt individueller Fantasien statt nach sozialen Normen, haben Leila und Madschnun (und mit ihnen die Liebenden anderer, vergleichbarer Legenden) einen Maßstab gesetzt für den Verlauf der »wahren« Liebe.

Heutzutage wird die islamische Welt oft als Hort barbarischer Frauenfeindlichkeit betrachtet, als eine Welt des *chador* (des Schleiers), der die Schönheit der Frau verhüllt, sie ihrer Freiheit beraubt und ihr jegliches Menschsein abspricht. Indessen ist es lehrreich, daran zu erinnern, dass gerade die persisch-islamische Welt einige der schönsten Liebesgeschichten der Menschheit hervorgebracht hat. Diese Geschichten zeichnen sich durch Zärtlichkeit, Gegenseitigkeit der Liebe und eine Verehrung der Frau aus, die nicht nur ein Objekt der Wünsche des Mannes oder Sklavin seiner Begierden ist, sondern vielmehr als eigenständiges Subjekt in der Liebesbeziehung besteht.

Das moderne Thema, die leidenschaftliche Liebe, kam aus dieser Welt und wurde von den Persern erstmals im 12. Jahrhundert nach Europa gebracht. Die Lieder der provenzalischen Troubadoure, in denen die Liebe zu einem Ideal und die Frau zu einem Idol erhoben wird, waren Bearbeitungen und häufig sogar unveränderte Abschriften der persisch-islamischen Dichtung, wie sie im maurischen Spanien und in anderen geistigen Zentren der islamischen Welt gepflegt wurden. Ihre Einflüsse finden sich in der höfischen Liebe, bei Shakespeare, den romantischen Dichtern und selbst in den volkstümlichen westeuropäischen Balladen der Neuzeit, in denen der weibliche Zauber besungen wird.

Die Erzählung von Leila und Madschnun beginnt mit dem Satz, dass unter den Beduinen einmal ein großer Herrscher lebte, der alles besaß außer einem Sohn. Dieser Herrscher, der sich darüber im Klaren war, dass »doch nur der wirklich lebendig [ist], der in der Erinnerung eines Sohnes seinen eigenen Tod überdauert«, gab reichlich Almosen und betete viel, damit seine Sohnlosigkeit ein Ende nehme. Schließlich wurde sein Flehen erhört und ihm wurde ein prächtiger Sohn geboren. Das Ereignis wurde mit viel Pomp und Jubel zelebriert und das Kind einer Amme anvertraut, damit es in ihrer Obhut heranwachse und stark werde. Und so geschah es, und »jeder Schluck Milch, den es trank, wurde in seinem Innern zu einem Schriftzeichen der Treue. Jeder Bissen, den es aß, gab seinem Herzen ein Stück Zärtlichkeit.«

Nach seinem zehnten Geburtstag wurde Qeis, so hatten ihn seine überglücklichen Eltern genannt, auf eine Schule geschickt, die Kinder verschiedener hochrangiger Beduinenstämme unterrichtete. Schön und intelligent und einer der besten Schüler, wurde er schon bald zum Liebling aller. Eines Tages kam ein junges, schönes Mädchen auf die Schule, die Leila hieß. Die Verwüstung, die ihre Schönheit anrichtete, war unmittelbar und überwältigend. Nizami beschreibt, wie ihre Liebe begann:

> »Wessen Herz hätte beim Anblick dieses Mädchens nicht Sehnsucht gefühlt? Aber der junge Qeis fühlte mehr. Er ertrank im Liebesmeer, noch ehe er wusste, dass es Liebe gibt. Er hatte sein Herz schon an Leila verschenkt, ehe er noch bedenken konnte, was er da weggab.«

Und Leila? Ihr erging es nicht besser. Ein Feuer wurde in beiden entzündet und wurde zum Widerschein des anderen.

> »Was hätten sie tun können dagegen? Ein Schenke war gekommen, und er hat bis zum Rand ihre Becher gefüllt. So haben sie denn getrunken, was eingeschenkt war. Sie sind Kinder gewesen, und sie haben den Trunk nicht gekannt. Was Wunder: er hatte sie berauscht, und schwer ist der Rausch vom ersten Wein! Schwer stürzt, wer zuvor nie gestürzt ist! Sie hatten gemeinsam vom Duft einer Blume gekostet. Ihr Name war fremd, doch ihr Zauber so groß [...] und noch hatte es niemand gesehen. So tranken sie weiter vom Wein und vom Duft, tranken bei Tage und träumten davon in der Nacht; und je mehr sie tranken, und je tiefer sie ineinander versanken, um so blinder wurden ihre Augen und um so tauber ihre Ohren für die Schule und die Welt ihrer Mitmenschen. Sie lebten auf der Insel ihres Rausches und Traumes allein. Sie hatten einander gefunden.«[86]

Damit beginnt die außergewöhnliche Liebesgeschichte Madschnuns. Die Außenwelt, die das offene Werben und das »skandalöse« Verhalten der beiden zur Kenntnis nimmt, reagiert schonungslos mit Vorwürfen, Spott und Drohungen. Qeis bemüht sich darum, vorsichtig zu sein und seine Liebe versteckt zu halten, aber es gelingt ihm nicht. Von Leila

86 Ebd., S. 14f.

getrennt, findet er keine Ruhe, wenn er sie aber aufsucht, gefährdet er beide. Qeis wird ein Madschnun, ein Wahnsinniger: Er ist ein lebender Toter, sein Leben daher das Rätsel aller Rätsel. Er läuft in den schmalen Gassen zwischen den Zelten und im Basar umher und singt Lieder auf Leilas Schönheit und ihrer beider Liebe. Diese Bekenntnisse werden Leilas Familie schließlich zu viel. Einzig bedacht auf die Ehre ihrer Tochter und die ihres Stammes, wird sie zu Hause streng bewacht und ihre Eltern sorgen dafür, dass sich die Liebenden nicht sehen.

Während Leila im Stillen weint, stellt Qeis, der inzwischen als Madschnun bekannt ist, das Ausmaß seines Unglücks zur Schau. Immer häufiger und länger verlässt er seinen Stamm und irrt in der Einöde umher. Er singt *ghazals*, Lieder über die unglückliche Liebe, in denen der Verlust, die Unerreichbarkeit oder Abwendung des Liebenden beklagt wird:

> »Er trug nur noch Fetzen am Leib und verwilderte zusehends mehr. Von seiner Schwermut geschlagen, hörte er auf niemand und nichts; und was sonst Menschen erfreut und bekümmert, fand in seinem Innern kein Echo. Längst waren auch die zwei, drei Gefährten, die er noch gehabt hatte, von ihm abgefallen, und die Leute zeigten auf ihn von weitem und sprachen: ›Das ist Madschnun, der Verrückte, Vernarrte, den man einst Qeis genannt hatte. Er bringt über sich und die Seinen nur Schande und Schmach.‹«[87]

Tief betrübt über die zunehmende geistige Verwirrung seines geliebten Sohnes und den drohenden Verlust des Ansehens seines Stammes beschließt Qeis' Vater, für ihn um Leilas Hand zu bitten. Das Angebot wird von Leilas Familie zurückgewiesen mit der Begründung, sie könne ihre Tochter nicht mit einem Verrückten verheiraten, auch wenn er aus Liebe zu seiner Tochter verrückt geworden sei. Enttäuscht bemüht sich Madschnuns Vater darum, seinem Sohn gut zuzureden und ihm die anderen Frauen des Stammes schmackhaft zu machen, »Schönheiten, die ebenso gut und noch besser sind als deine Herzensräuberin«. Aber Madschnun, wie alle Liebenden, deren Wahl so rigoros ist, dass nur Raum für die Einzigartige bleibt, ist mit Vernunft nicht beizukommen. Madschnun und uns allen stellt sich die Frage, warum von den vielen Tausenden Menschen, denen wir im Leben begegnen und von den möglicherweise Hunderten, die unser Begehren wecken, nur ein einziger

87 Ebd., S. 32.

mit verzehrender Leidenschaft geliebt wird – etwas, das mit keiner rationalen Erklärung beantwortet werden kann. Madschnun beginnt nun als einsamer, nackter Nomade durch die Wüste zu streifen und in seinen Versen Leilas Gegenwart heraufzubeschwören, um sich von dem unerträglichen Schmerz der erzwungenen Trennung zu befreien, ohne aber etwas zu unternehmen, sie wiederzusehen.

Nachdem die Möglichkeit der arrangierten Ehe gescheitert ist, versucht der Vater, den geliebten Sohn mit einer Pilgerreise nach Mekka zu heilen. Diesmal machen ihm die rätselhaften Vorgänge im Inneren seines Sohnes einen Strich durch die Rechnung. Als Madschnun vor der Kaaba, dem heiligsten aller Heiligtümer, steht, bittet er Allah nicht, ihm von seinem Wahnsinn zu befreien, sondern diesen, im Gegenteil, noch zu verstärken:

> »Wenn ich vom Liebeswein betrunken bin, so mache mich noch betrunkener als ich es bin! Man sagt mir: Lösche in deinem Herzen dieses Verlangen nach Leila [...]. Ich aber bitte dich, Herr: laß wachsen meine Sehnsucht nach Leila von Augenblick zu Augenblick! Nimm von meinen Lebenstagen, was immer da ist, und füge es dem Dasein von Leila hinzu! Mich aber laß kein Haar je von ihr fordern, auch wenn mich selber das Leiden so dünn wie ein Haar macht!«[88]

Gott erhört Madschnuns Gebete und seine Seelenpein wird noch gesteigert. Als Madschnuns Wahnsinn allgemein bekannt wird, gibt es niemanden in den Zelten, der nicht von seiner Liebe zu Leila weiß. Aufs Äußerste erbittert, schickt Leilas Familie Boten zum Präfekten des Kalifen. Sie schildern ihm, wie Madschnuns Verhalten und Lieder nicht nur ihre Stammesehre, sondern auch die Autorität des Kalifen in Verruf bringt, denn »was immer dieser Frechling auch dichtet, das zerreißt hundertfach den Schleier von Anstand und Sitte«. Angesichts der gesellschaftlichen Bedrohung, die der Liebeswahn des jungen Mannes hervorruft, rät der Präfekt dazu, Madschnun zu töten. Abermals drängt der unglückliche Vater den Sohn, von seiner Liebe abzulassen, damit er sein Leben retten kann und den Kummer, den er seiner Familie zugemutet hat sowie die Schande, die er über seinen Stamm gebracht hat, zu lindern. Madschnun beteuert in seiner Hilflosigkeit, dass sein Schicksal

88 Ebd., S. 54.

nicht in seinen Händen liege, sondern vielmehr von einer Macht ausgehe, die seine eigenen Kräfte übersteigt. Was als blinde Leidenschaft begonnen hat, wird nun zu einer Vision. Der enttäuschte Liebende wird zum Propheten eines Mysteriums, das jenseits der weltlichen Logik von Begrifflichkeiten oder gesundem Menschenverstand angesiedelt ist.

Auch Leila brennt »im Feuer der Sehnsucht, nur waren die Flammen verborgen, und kein Rauch stieg von ihnen auf«. Sie kann mit niemandem über ihr Leid sprechen.

> »Dennoch drang auch zu ihr die Stimme des Freundes! War Madschnun nicht ein Dichter? Und so dicht war kein Zeltvorhang, dass er seinen Qasiden den Eintritt verwehrte. Jedes Kind, das vom Bazar kam, trällerte bereits seine Verse; und jeder Vorübergehende, der eines seiner Liebeslieder summte, überbrachte damit Leila […] eine Botschaft des Geliebten […]. Im Geheimen sammelte sie nun alles, was ihr von den Versen Madschnuns bald hier, bald dort zu Ohren kam, lernte sie auswendig und dichtete dann darauf ihre Antworten. Diese schrieb sie auf Zettelchen und […] übergab sie […] dem Wind. Oft geschah es dann, dass ein solches Papier jemand aufhob und las, der seinen versteckten Sinn wohl erriet oder ahnte, und der auch wusste, wem er galt. Manch einer ging mit seinem Fund zu Madschnun in der Hoffnung, dass dieser ihn dafür einige seiner so begehrten Verse hören lasse […]. Gar manche Melodie ging auf diese Weise zwischen den zwei trunkenen Nachtigallen hin und her. Wer sie vernahm, der lauschte verzaubert; und so ähnlich waren sich die Stimmen dieser beiden, dass sie klangen wie nur ein einziger Gesang. Ihn hatten Schmerz und Sehnsucht geboren und doch brach das Weltleid vor ihm entzwei.«[89]

Die Schlucht, die dem umherziehenden Madschnun schließlich zur Wohnstätte wird, gehört zum Reich des Beduinenprinzen Noufal. Während einer Jagd in dieser Gegend stößt Noufal auf den umherziehenden Einsiedler und ist erschüttert vom Anblick dieser abgezehrten Gestalt, den wilden, struppigen Haaren und von seinen von Dornen wund gerissenen Gliedern. Erstaunt, diese jammervolle Person in der Wildnis zu sehen, fragt Noufal einen seiner Begleiter nach ihm und erfährt auf diesem Wege die Geschichte von Madschnuns unglücklicher Liebe. Zutiefst bewegt, verspricht Noufal, dass er die Liebenden zusammenbringen werde und überredet Madschnun, sich seiner Gefolgschaft anzuschließen.

89 Ebd., S. 79ff.

An der Spitze seiner Truppe reitet Noufal zu den Zelten von Leilas Stamm und verlangt, dass sie an Madschnun verheiratet werde. Als ihr Stamm die Forderung zurückweist, finden zwei große Schlachten statt, an denen Madschnun selbst nicht teilnimmt. Als er deshalb von einem der Krieger Noufals zur Rede gestellt wird, antwortet er:

> »Das Herz der Geliebten schlägt für die Feinde, und wo ihr Herz schlägt, da bin auch ich zu Hause. Sterben will ich für die Geliebte, nicht töten. Wie sollte ich also, da ich mich selbst so aufgegeben habe, auf eurer Seite stehen können?«[90]

So groß ist die Liebe des Liebenden, dass er selbst seinen treuesten Verbündeten verrät, der zum größten Selbstopfer bereit ist.

Obwohl Noufal als Sieger aus den Schlachten hervorgeht, weigert sich Leilas Vater weiterhin, seine Tochter freiwillig an Madschnun zu geben, eine Haltung, für die Noufal Verständnis hat: »Wenn ich auch gesiegt habe, so möchte ich doch, daß du deine Tochter gutwillig gibst. Eine Frau, die man mit Gewalt raubt, ist wahrlich ein trockenes Brot und eine versalzene Süßigkeit.«[91] Auch Noufals Männer, erbost darüber, dass Madschnun für seine eigene Sache nicht mitgekämpft hat, drängten ihren Herrn, sich aus der Sache zurückzuziehen. Madschnuns Liebe, jenseits von Loyalität und Vernunft, ist für Menschen, die dem Irdischen verhaftet sind, unbegreiflich.

Leila wird von ihren Eltern nun an Ebn Salam verheiratet, einen ihrer vielen Verehrer aus gutem Hause. Leila, die ihren Kummer verborgen hält, fügt sich ihrem Schicksal, weigert sich aber, die Ehe zu vollziehen und drückt damit die Bereitschaft aus, lieber zu sterben, als sich der ihr zugemuteten Gewalt zu unterwerfen. Ebn Salam, der Leila aufrichtig liebt und ein Mann mit erhabenen Gefühlen ist, sagt, er werde sie von Weitem bewundern, bis sie ihre Meinung ändere. Er sei zufrieden, sie nur anzusehen, und wäre ein gemeiner Dieb, mehr zu verlangen.

Madschnun ist inzwischen in die Einsamkeit der Wüste zurückgekehrt. Noch einmal sucht ihn sein alternder Vater, dessen Tod näher rückt, auf und versucht, ihn mithilfe seiner tiefen väterlichen Liebe und weisen

90 Ebd., S. 112.
91 Ebd., S. 125.

Ratschlägen über die Tugenden der Geduld, Klugheit und der kleinen Freuden des täglichen Lebens zurückzugewinnen. Er beklagt, vom Alter gezeichnet, den frühzeitigen Verfall des Sohnes:

> »Verführe dich selbst zu Fröhlichkeit und Vergnügen, zu Scherz und Liebelei, und seien sie wie ein Windhauch so flüchtig! Warum nicht? So nun ist dieses Leben einmal: ob seine Versprechen Wahrheit sind, oder Lüge, du mußt genießen, was dir der Augenblick bringt. Was ist in dieser Welt schon von Dauer? So erfreue dich dessen, was du besitzest, noch heute, und iß, was du geerntet hast, jetzt!«[92]

Nachdem er an Madschnuns Vernunft appelliert hat, beschwört er seine letzten Gefühle:

> »Ach, mein Sohn! Sei mir doch Weggefährte die paar Tage, die ich noch lebe; denn es ist Abend geworden für mich! Wendest du dich jetzt von mir ab, so suchst du mich morgen umsonst. Ich gehe, tritt du in die Lücke für mich! Bald ist mein Leid vergangen, du aber sei froh! Sieh, meine Sonne hängt tief, und sie ist verdunkelt vom Dunst eines langen Tages. Mich erwartet die Dämmerung, Sohn – meine Seele fliegt fort. So komm denn, o komm! Warte nicht länger, nimm meinen Platz ein, der deiner ist! Komm!«[93]

Unfähig, selbst aus Mitleid, Reue oder Scham zu lügen, gesteht Madschnun dem Vater, seinem Rat nicht folgen zu können, denn »dein Prägstock ist Weisheit, aber meine Prägung heißt Liebe, und du kannst diese Münze nicht umprägen […]. Siehst du denn nicht, dass ich alles, was einst gewesen ist, vergessen habe? […] Ich bin nicht mehr, Vater, der ich einst war!«[94] Nizami gibt dem Leser zu verstehen, dass Madschnun in dieser Stunde sein Schicksal ganz erkannt hat. Seine endgültige Absage an die Welt verdient, im Wortlaut zitiert zu werden:

> »Ich habe nicht nur dich verloren; ich kenne auch mich selber nicht mehr. Wer bin ich? Ich drehe mich um mich selbst und rufe: Wie heißt du? Liebst du? Und wen? Oder wirst du geliebt? Von wem? […] Eine Glut ist in meinem Herzen, eine Glut ohne Maß, und sie hat alles von meinem Ich zu Asche verbrannt. Sehe ich denn, wo ich wohne? Schmecke ich noch,

92 Ebd., S. 178.
93 Ebd., S. 179f.
94 Ebd., S. 182.

> was ich esse? Ja, das ist es! Ich habe mich verirrt in meiner eigenen Wildnis. Nun bin ich ein Wilder geworden, und die wilden Tiere sind meine Gefährten. Hole mich darum nicht zu den Menschen zurück! Glaube mir, ich bin ein Fremder für sie. Man soll die Melone, die von der Fliege vergiftet ist, nicht im Garten behalten, sonst macht sie auch die anderen krank. Mich zieht es zum Tod – der Tod sitzt in mir. Oh, könntest du nur vergessen, dass du einen Sohn je gehabt hast! Könntest du mich auslöschen aus dem Buch der Geborenen! Mich hier verscharren und dabei denken: Irgendein Toller, Vernarrter, Berauschter […] was wäre schon Gutes von ihm zu erwarten gewesen? […] Ach, Vater! Du sagst, dass du zur letzten Reise bald aufbrechen willst? Du sagst, darum kommest du mich holen? Doch sieh, es ist spät geworden, zu spät für uns beide. Auch hier, auch in mir, ist es Herbst, auch ich muß verreisen – und wohl noch vor dir. So lass denn, O Vater, nicht Tote die Toten beweinen.«[95]

Madschnun trauert nach dem Tod seines Vaters, aber er erfährt auf subtile Weise auch eine Wandlung zum Besseren. Nizami drückt diesen neu gewonnenen inneren Frieden mit Bildern aus, in denen Madschnun mit den wilden Tieren in zunehmender Harmonie lebt und die Einöde durchquert. Er spricht mit den Tieren, die sich auf geheimnisvolle Weise von ihm angezogen fühlen. Er ruht sich im Schatten von Geierflügeln aus und wird von Wüstenlöwen bewacht. Er hat den Kern seines wilden und dennoch ausgeglichenen Wesens gefunden. Die Vaterschaft wird jetzt von der Natur übernommen. Das Gefühl mystischer Einheit schließt auch Leila mit ein. Einmal, als Madschnun einen Fetzen Papier fand mit ihrer beider Namen darauf, riss er es entzwei und warf die Hälfte mit Leilas Namen weg. Als jemand, der ihn bei dieser Sache beobachtet, erstaunt fragt, warum er das tue, antwortet er, dass ein Name genug für beide sei. »Wenn ihr wüsstet, was ein Liebender ist, so wüsstet ihr auch, dass man nur ein wenig kratzen muss an ihm, und schon tropft die Geliebte heraus.«[96] Madschnuns Worte erinnern an den indischen Mystiker und Dichter Kabir, der ebenfalls sagte: »Schmal ist der Pfad der Liebe/nur einem gibt er Raum.«

Mithilfe eines freundlichen Boten tauschen Madschnun und Leila leidenschaftliche Briefe der Sehnsucht aus. Eines Nachts kommt es in

95 Ebd., S. 183f.
96 Ebd., S. 195.

einem Palmenhain in der Nähe von Leilas Wohnort zu einem heimlichen Treffen der Liebenden. Das Schicksal meint es gut mit den Liebenden, und der Augenblick, nachdem sie sich so gesehnt hatten, ist gekommen. Wie der Leser aber bereits vermutet haben wird, sind die Hindernisse auf dem Weg ihrer sexuellen Vereinigung nicht nur äußerlich. Nizami beschreibt die Situation so:

> »In ihren Schleier gehüllt und beschützt von der Dämmerung, eilte Leila aus dem Garten. Ihre Seele flog ihren Schritten voraus. Dann sah sie Madschnun. Doch sie blieb stehen, bevor sie die Palme, an deren Stamm er lehnte, erreicht hatte. Ihre Knie zitterten, und ihre Sohlen schienen mit der Erde darunter zu verwachsen. Zehn Schritte trennten sie noch vom Geliebten. Ein Zauberkreis umgab ihn, und den durfte sie nicht überschreiten. Sie wandte sich dem Alten an ihrer Seite zu und sagte: ›Edler Mann! Bis hierher darf ich gehen – weiter nicht. Sieh, ich gleiche schon jetzt einer brennenden Kerze. Gehe ich näher ans Feuer, so verbrenne ich ganz. Die Nähe bringt uns Verderben, in der Religion der Liebenden ist sie ein Fehler. Es ist besser, krank zu sein, als sich des Heilmittels nachher zu schämen […]. Wozu mehr verlangen? Auch er, Madschnun, der doch ein vollkommener Liebender ist, fordert nicht mehr. Aber geh du zu ihm! Bitte ihn, mir einige Verse zu sprechen! *Er* soll reden, und *ich* will nur sein Ohr sein, er sei der Schenke und ich trinke den Wein‹.«

Madschnun, ohnmächtig geworden, kam nun wieder zu Bewusstsein, »und als seine Augen den Weg zu Leila fanden, flossen von seinen Lippen die Verse, um die sie gebeten hatte […]. Dann plötzlich verstummte er, sprang auf und floh wie ein Schatten aus dem Garten in die Wüste hinaus. Denn war er auch trunken vom Duft des Weines, den Wein zu trinken ist im Paradies erst erlaubt.«[97] Er ist es, der die Vereinigung scheut und sie gerade deshalb fortdauern lässt.

Madschnun steht hier als Beispiel für den Sufi-Mystiker, der die Vollkommenheit der Geliebten als ein inneres Bild aufbaut. Der Sufi würde sagen, dass die körperliche Vereinigung ohne diese »imaginierte Vereinigung« eine bloße Illusion, Ursache oder Symptom einer geistigen Verblendung sei. Die reine, geistige Betrachtung ist alles, was der Mystiker anstrebt, eine Versenkung, die so intensiv sein kann, dass die tatsächliche Gegenwart der Geliebten diese nur herabziehen und verunreinigen kann.

97 Ebd., S. 276–279.

Ebn Salam, der alle Hoffnung aufgegeben hatte, Leila jemals für sich zu gewinnen, starb aus Gram an einem Fieber. Leila ist jetzt frei, allerdings darf sie nach arabischer Sitte während der zweijährigen Trauerzeit um ihren Mann niemanden sehen. Bevor diese zwei Jahre vergangen sind, stirbt auch Leila an einer Krankheit, geschwächt von ihrem verborgenen Kummer.

Als Madschnun in der Wildnis vom Tod seiner Geliebten hört, macht er sich sofort auf den Weg zu ihrem Grab. Dort betet er unter Tränen, von seinem qualvollen Dasein befreit zu werden. Er umschlingt den Grabstein mit beiden Armen, presst seinen Körper mit all seiner Kraft dagegen, seine Lippen bewegen sich noch einmal mit den Worten »du, meine Liebe«, bevor seine Seele den Körper verlässt.

In der persisch-islamischen Welt ist die Geschichte von Leila und Madschnun ein zentrales Gleichnis der religiösen Erfahrungswelt eines Sufi. Nizamis Komposition des Textes wurde im 12. Jahrhundert aufgeschrieben, einer Zeit, in der der Sufismus eine vorherrschende Rolle im Islam spielte und sufistische Bruderschaften oder *tariqas* sich in der gesamten islamischen Welt ausgebreitet hatten. Es wird ganz bewusst von grundlegenden Ideen, Metaphern und Vorstellungen des Sufismus Gebrauch gemacht, insbesondere in Madschnuns Zwiegesprächen mit seinem Vater, in denen islamische Mystik und Orthodoxie wohlwollend gegeneinander ausgespielt werden. Nizami macht Madschnun zum Sprachrohr der sufistischen Sichtweise, des »bewahret die Liebe, bewahret die Liebe, wir haben keine andere Aufgabe!« Liebe ist das »absolute Verlangen« Gottes und die irdische Liebe nur eine Vorbereitung auf die himmlische Vollkommenheit, in der alle Trennungen aufgehoben sind. Dort, im Himmel, werden die Menschen »vereint in dem wirbelnden, mystischen Tanz, sie vergessen sich selbst und leben in einer höheren Einheit, nicht länger geschieden als Rose und Dorn.«[98]

Deutet man die Erzählung als psychologische Schilderung leidenschaftlicher Liebe in der islamischen Kultur, als ein Gleichnis der Psyche und nicht der Sufi-Seele, so soll damit keinesfalls der mystische Gehalt auf psychologische Vorstellungen reduziert werden. Vielmehr soll die Ebene der menschlichen Liebe beleuchtet werden, weil sie die Grund-

98 A. Schimmel 1978: The Triumphal Sun. London (Fine Books), S. 336; vgl. auch H. Ritter (1927): Über die Bildersprache Nizamis. Berlin (De Gruyter). Einen guten Überblick über den Sufismus bietet A.J. Arberry (1950): Sufism: An Account of Mystics of Islam. London (Allen and Unwin).

lage der Erfahrungswelt bildet, auf der Autor und Leser stehen müssen, bevor sie sich auf religiös-mystische Höhenflüge begeben können. Um dahin zu kommen, muss bei der Oberfläche begonnen werden, indem die Erzählung in ihren kulturellen Kontext eingebettet wird.

Zumindest in den Oberschichten der meisten islamischen Gesellschaften war die sexuelle Liebe von großer Sinnlichkeit geprägt.[99] Die christliche Beschäftigung mit Keuschheit oder die Bedeutung der Askese im Hinduismus sind dem Islam fremd. Der Prophet selbst wurde als Beispiel leidenschaftlicher Sinnlichkeit angeführt und in der Tradition wurden eine Reihe von *hadiths* (»Erzählungen«) bewahrt, in denen die Befriedigung des Sexualtriebs nachdrücklich bevorzugt wird – zumindest beim privilegierten Mann.

Trotz frühzeitiger islamischer Berichte über Frauen aus der Aristokratie, die ein Leben in größter Freiheit führten und sich auf die angenehmste Weise ihren Vergnügungen hingaben, ist es in erster Linie der Mann, der von der sexuellen Freizügigkeit der muslimischen Welt profitiert. Er ist Nutznießer der Polygamie und der gesetzlichen Milde gegenüber dem männlichen, sexuellen Appetit. Im Gegensatz dazu sind Frauen, zumindest in bestimmten Fällen, sogar ihres Rechts beraubt, seinen sexuellen Wünschen ihre Zustimmung zu geben.

Hinter einem vordergründigen sozialen Konsens männlicher Vorherrschaft und dem Ideal männlicher Freiheit, sexuelle Bedürfnisse hemmungslos wann und wo er will auszuleben, verbirgt sich – wie bei jedem ausgeprägten Patriarchat – eine ebenso mächtige psychische Realität tief verwurzelter Ängste des Mannes vor der furchterregenden Macht der Frau. Diese Angst rührt von Frauen her, die für ihre beständige Herabsetzung und Ausbeutung Rache nehmen. Die männliche »Überlegenheit« wird so zum Verursacher des Teufelskreises von Misogynie, Rache der Frauen und männlichem Gebärden als Selbstschutz.

Die Rahmenhandlung der *Erzählungen aus 1001 Nacht* ist ein gutes Beispiel für die Allgegenwart dieser männlichen Fantasie. Diese großartige Sammlung von Geschichten beginnt mit der Erzählung des Königs Schehriyar, der über 20 Jahre in Frieden und Gerechtigkeit herrschte. Der

99 Zu einer knappen Übersicht über die Einstellungen des Islam zur geschlechtlichen Liebe vgl. Ch. Pellat (1965): Djinns. In: B. Lewis, Ch. Pellat & J. Schacht (Hg.): Encyclopedia of Islam, Bd. 2. Leiden (Brill), S. 550–553. Vgl. auch A. Bouhdiba (1975): La Sexualite en Islam. Paris (PUF).

Frieden seiner Herrschaft wird mit dem Besuch seines Bruders zerstört, der aufdeckt, dass Schehriyars Ehefrau ein Verhältnis mit einem Sklaven hat. Schehriyar gibt vor, auf Reisen zu gehen und beobachtet aus einem Versteck, wie die Frauen seines Harems im Garten eine Orgie mit den Sklaven feiern. Der Höhepunkt wird von seiner Ehefrau markiert, die ihn mit einem schwarzen Sklaven betrügt – das niedrigste Gegenbild zum königlichen Herrscher in einer islamischen Hofgesellschaft. Diese Fantasie der treulosen Frau, die nur von ihrer sexuellen Leidenschaft getrieben ist (»einer Frau darf man weder vertrauen noch ihren Versprechungen glauben/Weil sie immer nur hinter dem Kitzel zwischen ihren Schenkeln her ist«[100]), ist im Islam auf jeden Fall ein wichtiges Thema bestehender Beziehungen zwischen den Geschlechtern gewesen. Insofern haben übertriebene männliche Herrschaftsansprüche in den meisten Kulturen einerseits dazu gedient, die sexuelle Leidenschaft der Frauen abzuwehren, und andererseits haben sie diese dadurch provoziert – und zwar in rachsüchtiger Form.

Dieses »andere« Bild der Frau wurde auch in *Leila und Madschnun* nachdrücklich von einem Fremden geschildert, der Madschnun dazu bringen will, seine Liebe zu Leila aufzugeben. Für einen kurzen Moment gelingt es dem »dämonischen« Misanthropen sogar, die Standhaftigkeit des Liebenden ins Wanken zu bringen, indem er die Wirkkraft des verhängnisvollen Frauenbilds dieser Kultur in seiner ganzen Fülle beschwört:

> »Sie betrügt dich, begreifst du das nicht? Die Freundin, der du dein Herz anvertraut hast, lief damit über zum Feind! Deine Saat hat der Wind verweht, und Leila hat dich vergessen. Einem anderen gab man sie zur Frau; und sie, glaub es mir, hat sich ihm nicht verweigert. O nein! Sie liegt ihm in den Armen, Nacht für Nacht: auf Küssen und Kosen ist ihr ganzes Sinnen gerichtet, und während du dich in Qualen verzehrst, vergeht sie in Wonnen der Liebe […]. Hast du denn geglaubt, sie sei unter Tausenden die Eine und Einzige? Anders als alle? Ha! So sind doch die Weiber einmal, unbeständig und untreu von Anfang bis Ende. Eine wie alle, und alle wie eine. Eine Weile sieht sie den Helden in dir, und dann, mit eins, bist du ein Niemand für sie. Sie sind voller Leidenschaft, gewiss, und mehr als wir Männer, aber auch darin folgen sie nur ihrem Eigennutz. Falschspieler

100 Alf Laila, zit. n. J. W. Clinton (1985): Madness and Cure in the 1001 Nights. Studia Islamica 61, S. 107–125 (Zitat in eigener Übersetzung).

> sind die Weiber! Betrug und Heuchelei steckt in allem, was sie tun. Trau nie einer Frau! Sie bezahlt dich dafür, indem sie dich quält. Und recht so! Denn ein Mann, der an Weibertreue glaubt, ist noch dümmer als sie, die ihn einheizt dafür. Was ist schon das Weib? Ein Sammelbecken aller Falschheit und Tücke; Friede, wenn du sie ansiehst von außen, und Krieg, wenn sie sich von innen zeigt […]. Leidest du, so ist sie vergnügt, und bist du fröhlich, so frisst sie der Kummer. Dies alles und viel Ärgeres noch ist Weiberart. Denk daran!«[101]

Vielleicht dürfen wir einmal spekulieren, dass der Betrug durch die Frau, der den Mann so in Rage versetzt und gleichzeitig mit Angst besetzt, längst begangen wurde; der Verlust, den er so befürchtet, ist ihm schon vor langer Zeit widerfahren. Madschnuns Zurückhaltung vor Leila, als der Moment einer möglichen Vereinigung gekommen ist, und seine Bereitschaft, in der Liebe zu leiden, haben weniger mit Leila zu tun als mit ihrem weiblichen und auch mütterlichen Archetypus.

Das Frauenbild in *Leila und Madschnun* steht in einem auffälligen Gegensatz zum herkömmlichen Frauenbild im Islam, das sie als geschickte Gegnerin im Geschlechterkrieg darstellt, ein Krieg, der mit den Waffen einer gesetzlich legalisierten Gewalt einerseits und Betrug anderseits geführt wird.

In den meisten arabischen und persischen Liebesgeschichten verübt die Ehefrau Seitensprünge, ist unersättlich und betrügerisch. Ihr Scharfsinn und Witz wird als Verschlagenheit statt Klugheit ausgelegt und erlaubt nicht, sie zu einer Gefährtin des »beseelteren« Mannes zu machen. Dennoch wird der Mann stets von ihr betört, da sie der Vorgeschmack des Lebens nach dem Tod ist, ganz gleich wie unvollkommen.[102]

Leila hingegen ist nicht nur treu und keusch, sondern bereit, tief zu leiden. Befangen in den gesellschaftlichen Vorstellungen des »richtigen« Verhaltens einer Frau wagt sie es, als Subjekt aktiv zu lieben, statt sich dem Los ihrer Kultur zu fügen, ein bloßes Objekt männlicher Entscheidungen zu sein.

> »Meine eigene Qual ist noch tausendmal größer [als die Madschnuns]! Auch er, gewiss, ist eine Zielscheibe, auf die der Schmerz mit seinen Pfeilen schießt […,] aber *er* ist ein Mann, *ich* bin eine Frau! Er ist doch frei. Er

101 Nizami (1963): Leila und Madschnun (a.a.O.), S. 164–166.

102 Siehe z.B. die Sammlung orientalischer und türkischer Erzählungen in E. Powys Mathers (Hg.) (1929–1936): Eastern Love. 12 Bde. London (Rodker).

> kann doch fliehen. Er braucht niemand zu fürchten, er kann gehen, wohin immer er will, kann schreien und sagen und dichten, was immer er fühlt. Aber ich? Ich bin hier gefangen. Ich habe keinen Menschen, zu dem mein Herz reden und dem es vertrauen kann. Nur Schande wäre mein Schicksal! So wird mir im Munde das Süße zu Gift. Wer weiß denn, was ich insgeheim leide? Mit dürrem Gras bedecke ich den Abgrund meiner Hölle, so dass keiner ihn sieht. Zwischen zwei Feuern brenne ich Tag und Nacht. Das eine Mal schreit in meinem Herzen die Liebe: Auf! Entfliehe wie das Rebhuhn diesem Rabenvater, diesem Geiergatten! [...] Dann wieder ermahnt mich die Vernunft: Fürchte die Schande und vergiss nicht, dass ein Rebhuhn kein Falke ist; so unterwirf dich und dulde, was dir auferlegt ist!«[103]

Leilas Subjektivität entspringt nicht der Rebellion gegen gesellschaftliche Normen, sondern dem Umstand, dass sie ihr Schicksal selbst *wählt*. Auch in vielen späteren romantischen Dichtungen des Islams werden Frauen besungen, die die Bereitschaft haben, lieber in den Tod zu gehen, als Verrat an der Liebe zu üben. Eine dieser Erzählungen ist die pakistanische Legende von Sohni und Mahinwal.[104]

Die Geschichte von Sohni und Mahinwal

In der Stadt Gujrat am Ufer des Chenab-Flusses lebte ein Töpfer mit seiner liebenswerten Tochter Sohni – die Schöne. Sohni half dem Vater im Laden. Eines Tages rastete eine Handelskarawane, die sich auf ihrem Rückweg von Delhi nach Turkestan befand, mehrere Tage in der Stadt. Einer der jungen Kaufleute, Izzat Beg, kam zu dem Laden des Töpfers, als er durch den Basar schlenderte. Dort sah er Sohni und verliebte sich augenblicklich und sehr heftig in sie.

Als die Karawane weiterzog, blieb Izzat Beg zurück, um in der Nähe der Geliebten zu sein. Er machte einen Laden für Tonwaren auf, in dem er die Ware billiger verkaufte, als er sie von Sohnis Vater erstanden hatte. So ein Geschäft konnte nicht lange gut gehen – Izzat Beg ging es ja auch gar nicht um das Geschäft und so musste er den Laden nach kurzer Zeit

103 Nizami (1963): Leila und Madschnun (a.a.O.), S. 226f.

104 Diese Version der pakistanischen Geschichte ist der Sammlung von Abbas entnommen; siehe Z. Abbas (1957): Folk Tales of Pakistan. Karachi (Pakistan Publications).

wieder schließen. Mittellos trat er in den Dienst des Töpfers, der ihm auftrug, täglich die Büffelherde der Familie zum Weiden zu führen. Bald wurde er von allen Mahinwal – der Hirte – genannt.

Mahinwals Entschlossenheit, in ihrer Nähe zu bleiben, und die Opfer, die er für sie brachte, imponierten Sohni und so begann sie, seine Liebe zu erwidern. Besorgt über die vielen trostlosen Stunden, die er ihretwegen in der heißen Sonne verbringen musste, nahm Sohni Mahinwal eines Tages zur Seite und sagte: »Ich kann nicht mit ansehen, wie du um meinetwillen all diese Mühsal erträgst. Warum kehrst du nicht in dein Heimatland zurück, wo du im Haus deines Vaters ein Leben in Luxus führen kannst?« Mahinwals Augen füllten sich mit Tränen und er antwortete: »Wie kann ich dich verlassen? Ich kann ohne dich nicht leben.«

Sohnis Mutter, die bereits Zeichen der Leidenschaft des jungen Paares bemerkt hatte, hörte das Gespräch und berichtete alles ihrem Mann. Der Töpfer geriet darüber so in Zorn, dass er Mahinwal aus seinem Haus hinauswarf. Mahinwal floh an das andere Ufer des Flusses. Bald schon hingen seine Kleider in Fetzen an seinem Körper und wie Madschnun musste er sein Essen erbetteln. In der Zwischenzeit verheirateten Sohnis Eltern sie eilig an einen anderen Töpfer in derselben Stadt. Bekümmert über die Trennung von ihrem Geliebten, lebte Sohni nun im Haus ihres Gatten. Sie flehte zu Allah, er möge ihr helfen, ihrer Liebe treu zu bleiben und es schien so, dass ihre Gebete erhört wurden. Jedes Mal, wenn sich ihr Mann ihr näherte, wurde er von einer geheimnisvollen Krankheit befallen und konnte die Ehe nicht vollziehen.

Eines Tages, als Sohni und ihre Schwiegermutter in der Küche beschäftigt waren, hörten sie draußen die Stimme eines Bettlers. Sohni ging mit einer Tasse Mehl als Almosengabe vor die Tür und stellte fest, dass der Bettler kein anderer als Mahinwal war. »Warum bist du hierhergekommen?«, flüsterte sie. »Wenn die Verwandten meines Mannes dich hier sehen, werden sie dich auf der Stelle töten. Geh jetzt und ich werde heute Abend zur anderen Seite des Flusses kommen.«

In der Nacht, als alle schliefen, schlich Sohni sich mit einem großen Tontopf unter dem Arm aus dem Haus und rannte zum Fluss. Sie sprang in die Strömung des Chenab und mit dem luftgefüllten Tontopf als Boje schaffte sie es zur anderen Uferseite. Sie verbrachte die Nacht mit ihrem Liebhaber und kehrte auf demselben Weg, den sie gekommen war, vor Tagesanbruch nach Hause zurück. Die heimlichen Treffen der Liebenden hielten an, bis Sohnis Schwägerin sie eines Nachts dabei beobachtete, wie sie verstohlen aus dem Bett schlüpfte und das Haus verließ. Sie folgte ihr zum Fluss und entdeckte, was sich zutrug. Erzürnt über die Schande, die Sohni über die Familie brachte, vertauschte sie den gebrannten Tontopf mit einem ungebrannten, der in den Stromschnellen aufweichen und untergehen würde. In der folgenden Nacht tobte ein Sturm, es blitze und donnerte und der Fluss war wild und aufgewühlt. Obgleich Sohni bemerkt hatte, dass die Töpfe vertauscht worden waren, wollte sie den wartenden Mahinwal nicht enttäuschen. Den Tontopf in ihren Armen, sprang sie ins Wasser. In der Mitte des Flusses löste sich der Topf auf und sie wurde von den Stromschnellen mitgerissen. Im Widerschein der aufzuckenden Blitze sah Mahinwal Sohnis Überlebenskampf und sprang ins Wasser, um sie zu retten. Vom Hunger entkräftet konnte er sie nicht retten und die reißende Strömung des Chenab trug die Liebenden in ihr feuchtes Grab, wo sie sich, wie wir annehmen dürfen, wiederfanden.

Leilas Leiden – ebenso wie Sohnis Tod – sind die unausweichliche Folge ihres Anspruchs auf erotische Freiheit, die mit der islamischen Moral im Widerspruch steht, einem Sittenkodex, der voraussetzt, dass die Loyalität gegenüber den Familien- und Stammesinteressen das Leben erst lebenswert macht. Den Hütern dieser Gesetze – Väter oder Ehemänner – wird in der Auseinandersetzung zwischen Politik und Ehe ein geringerer geistiger Platz eingeräumt als den als Einheit wahrgenommenen Liebenden. Sie gleichen den Elternrollen in der Vorstellungswelt von Analysanden, deren Spielräume menschlicher Möglichkeiten und deren Sehnsüchte nicht sichtbar werden, aufgrund der stereotypischen Rollen, die sie spielen müssen. Psychoanalytiker und Dichter wissen das und wissen es besser.

Es gibt keine wirklichen Bösewichte in der Erzählung Nizamis, die man für die erotische Katastrophe verantwortlich machen kann, der die Liebenden zum Opfer fallen. Aus den Tiefen ihres Kummers mag Leila ihren Vater einen Raben und ihren Ehemann einen Geier schimpfen, dennoch wird in der Geschichte deutlich zum Ausdruck gebracht, dass beide ehrenwerte, großmütige Männer sind, die sich in ihrem Handeln in aufrichtiger Sorge um Leilas Wohl leiten lassen. Obgleich Ebm Salam ihr rechtmäßiger Gatte ist, zwingt er Leila seine Nähe nicht auf, sondern wartet verzweifelt auf eine Verwandlung ihres Herzens, weil ihm an einer Liebe frei jeden Zwangs gelegen ist. Nizami zeichnet ein verständnisvolles Bild seiner Protagonisten, die in einem Netz aus Konflikten und Missverständnissen verfangen sind. Die Charaktere werden in festgelegte Rollen gezwängt, in denen ihr menschliches Anliegen aus der Perspektive des jeweils anderen verstellt wird, sodass aus eigentlichen Verehrern Feinde werden.

Dem Psychoanalytiker sind diese stillen Verzweiflungen aus den Klagen seiner Patienten vertraut, deren Ehepartner den Erwartungen und Idealen, die auf sie gerichtet werden, nicht genügen oder denen plötzlich schmerzlich bewusst wird, dass ihr Partner sie nicht liebt. Der Analytiker muss sich fragen, ob solche vergeblichen Herzensregungen je »analysiert« werden können, ob verschüttete Freiheiten wieder zutage gefördert werden können. Ist die Liebe der Ungeliebten weniger wichtig als die der Verehrten? Wie viele unbesungene Liebende mag es geben, deren Liebesgeschichten nicht mehr sind als die Klagen ihrer zahllosen Zurückweisungen und ihrer Verlassenheitsgefühle?

Wenn Liebe der Begriff ist, der auf der Flagge des Eros steht, so ist die Ehre oder *izzat* das Banner, unter dem sich in traditionellen islamischen Gesellschaften die Moralvorstellungen sammeln. Was aber beinhaltet diese »Ehre«, die das Ziel hat, junge Liebende voneinander zu trennen? Im Gegensatz zu *Romeo und Julia*, wo der Familientwist zwischen den Montagues und den Capulets das angebliche Hindernis für die Liebenden ist, die steinerne Mauer, die beide voneinander trennt, geht die Liebe zwischen Madschnun und Leila von Anfang an einfach »zu weit«, ohne dass das näher erläutert oder begründet wird.

Was in islamischen Liebesgeschichten als allzu skandalös betrachtet wird – und in romantischen Geschichten anderer patriarchaler Gesellschaften versteckter zutage tritt –, ist die Störung der Rechte älterer und mächtiger Männer, insbesondere der Väter, die über die Sexualität der Frauen frei verfügen und sie ihrer Kontrolle unterwerfen. Das Recht infrage zu stellen, mit dem junge Frauen besessen, gebraucht und wie eine Ware getauscht werden, ist der eigentliche Angriff auf die »Ehre« der Familie, des Stammes oder der Kaste. Dieses Recht, über die Sexualität der Tochter zu verfügen, ist Teil einer umfassenden Rechtsordnung, in deren Rahmen ältere, Macht besitzende Männer mithilfe institutioneller Einrichtungen wie Polygamie, durch Mätressen, Nebenfrauen und Konkubinen, durch die Ausübung männlicher Rechte usw. schon immer die sexuelle Unterwerfung junger Frauen für sich beansprucht haben. Zweifel an diesen Vorrechten werden schnell zu Beleidigungen der Ehre und werden somit auch als Angriff auf die »gesellschaftliche Ordnung« aufgefasst.

Kein Preis ist der sozialen Gruppe zu hoch, um die Ehre zu schützen, selbst wenn das zum Tod der Tochter, Schwester oder Ehefrau führt. In einer von Männern beherrschten Gesellschaftsordnung ist die Frau sowohl die Verkörperung der Ehre ihrer sozialen Gruppe als auch des ungezügelten Eros. Sie ist es, die sterben muss oder umgebracht wird, um den Konflikt zwischen Begehren und *izzat* aufzulösen – jede andere Lösung, selbst wenn sie vom Gesetz geduldet würde, wäre schlichtweg unzureichend.

Liebe und Wahnsinn

Die Faszination der leidenschaftlichen Liebe liegt in der Verheißung, die innere Paradoxie zweier manchmal entgegengesetzter erotischer Wünsche aufzulösen: die Sehnsucht nach der Verschmelzung mit dem Geliebten und das Begehren sinnlicher Erregung, sexueller Leidenschaft und orgastischer Erlösung. Mit seinem Wahnsinn verkörpert Madschnun den ersten dieser Wünsche und auch seinen Schrecken. Die Sehnsucht nach Verschmelzung lässt ihn leiden (und begreifen), dass die elementare Trennung dazu führt, dass seine innere Welt entleert und alle Verbindungen mit der äußeren Welt zerstört werden.

So zumindest deute ich – als Interpret einer anderen Epoche mit anderem Zeitgeist und Ethos – Nizamis alte Erzählung, hoffentlich jedoch nicht durch eine schroffe oder reduzierende »Anwendung« psychoanalytischer Begriffe, sondern durch einen ständigen Wechsel der Bedeutungsebenen in der Bilder- und Vorstellungswelt des Epos, mit besonderem Augenmerk auf die darin enthaltenen Ambivalenzen. Nizami lässt den Leser mit den Mitteln seiner dichterischen Kunst jenen Schrecken empfinden, der entfesselt wird, wenn das Selbst die Zwänge allgemeiner Sitte und Gewohnheit fallen lässt, um sich im Einswerden mit dem anderen zu vergessen, und am Ende nichts anderes bleibt als der – wie der englische Dichter Shelley es einmal ausdrückte – »weite und wüste Sand«.[105] Durch Nizamis dichterische Begabung, die in seinen Versen vibriert, nimmt Madschnuns »Trennungsangst«, nachdem »die

105 P.B. Shelley (1944): Ozymandias. In: P.B. Shelley: Selected Poems, Essays and Letters. Herausgegeben von E. Barnard. New York (Odyssey Press), S. 61f.

Zügel [...] der Hand dieses Reiters entglitten (waren)«[106], Gestalt an und bleibt damit nicht länger eine psychologische Abstraktion. Ganz wie bei der besten klinischen Arbeit, wie Joel Kovel einmal bemerkte, entzieht uns auch die künstlerische Erzählung die Sicherheit, die Etiketten bieten, und verhilft uns dadurch zu einem tieferen Verständnis, zu einem persönlichen Wissen über jene unaussprechliche psychische Schattenseite, von der wir uns für gewöhnlich abwenden.[107]

Madschnuns Angst beginnt mit seinem Herzen, diesem gefühlten und metaphorischen Organ der Liebe, das vor Erregung bersten und zerspringen kann, vor Sehnsucht schwer wird oder aus Enttäuschung bricht. Ohne sichere Verankerung im Körper hatte »sein Herz [...] Schiffbruch erlitten, und nun trieb es in einem Meer ohne Ufer, und der Sturm nahm kein Ende«[108]. Die körperliche Metapher für Leidenschaft, ein gefühlvolles Klischee in allen Kulturen, ist ein Anklang an die mit inneren Körperempfindungen verknüpften Ursprünge libidinöser Gefühle im Säuglingsalter – einer Zeit, in der die Außenwelt über die Sinne undifferenziert als innere Resonanz wahrgenommen wird. Wahre Gefühle sind daher immer auch »vom Herzen kommende«.

Kaum weniger auffällig sind die ozeanischen und stürmischen Metaphern, insbesondere im Hinblick auf ihren Kontext, denn sie beschwören die Frau als Urmutter herauf. Freud und Ferenczi haben sie mit den Ozeanen unserer phylogenetischen Vergangenheit verglichen, die den Erdball umschlossen bevor die Eiszeit – eine Wüste in sich selbst – die Lebewesen dazu nötigte, Leib und Genitalien in schützende, äußere Hüllen zu kleiden. Die Ozeane sind in unserem Inneren und wenn die schützende Membran zerreißt, drohen wir an Leib und Seele zu verdorren. Meer und Wüste sind Bilder des schwellenden und unergründlichen weiblichen Körpers sowie eines sich auflösenden körperlichen Selbst und verweisen auf eine tiefe seelische Erschütterung. Ob diese als regressiv oder transzendierend betrachtet wird, hängt vom klinischen oder metaphysischen kontextuellen Verständnis des Zuhörers ab. Ganz gleich, welchen Wert man ihnen zumisst, reichen diese Prozesse bis in die Anfänge des menschlichen Bewusstseins zurück.

106 Nizami (1963): Leila und Madschnun (a. a. O.), S. 23.

107 J. Kovel (1973): On Reading Madame Bovary Psychoanalytically. Seminars in Psychiatry 5, S. 331–345, hier S. 335.

108 Nizami (1963): Leila und Madschnun (a. a. O.), S. 24f.

Madschnuns körperliche Veränderungen werden von einer schmerzlichen seelischen Verarmung begleitet, in der die vielfältigen Verbindungen zwischen ihm und anderen zerbrechen. Dieses Verdorren und Veröden der inneren Landschaft, eine brennende Einsamkeit, kann durch keine wirkliche oder liebende Handlung – beispielsweise die Bemühungen von Madschnuns Vater – gelindert werden. Dies wird eindrucksvoll mit der Beschreibung von Madschnuns abgezehrtem und nacktem Körper geschildert, der rastlos die einsamen Weiten der Wüste durchquert. Tatsächlich ist es so, »als habe er seinen Namen aus dem Buch der Welt herausgerissen – so, als sei er ins Nichts gefallen, als gehöre er nicht mehr zu den Lebendigen und noch nicht zu den Gestorbenen«. In seiner Verzweiflung ruft er aus:

> »Ach, welches Heilmittel könnte eine Krankheit wie diese noch lindern? Ja, ein Landstreicher bin ich geworden. Familie und Heimat – wo sind sie? Kein Weg führt mich dorthin zurück, und auch keiner zur Freundin. Zerbrochen sind Name und Ruf, wie Gläser, zerschmettert am Fels. Zerrissen ist die Trommel, die mir einst frohe Botschaft gekündet, und was mein Ohr jetzt hört, ist die Trommel des Abschieds.«[109]

Madschnuns Schicksal macht uns mit der Schattenseite der Verschmelzung vertraut. In der fortschreitenden Auflösung seiner Identität, deren Schrecken nur durch die Faszination der totalen Verschmelzung wettgemacht werden kann, wird Madschnuns Rufen nach Leila zu dem Wimmern eines Säuglings inmitten von Chaos. Es ist der Schrei nach der mütterlichen Gegenwart in ihrer süßen Fülle, die ihm jene Nahrung darbietet, die ihn vor dem seelischen Tod der fortschreitenden Auflösung seines Selbst und seiner menschlichen Beziehungen bewahrt.

> »›Ich bin gefallen, was soll ich tun?‹, klagt Madschnun. ›O Freundin, komm und nimm meine Hand! Ich kann nicht mehr weiter […] und dir gehöre ich doch, und lebendig bin ich doch besser für dich als tot. Sei gnädig und gönne mir einen Gruß; erwecke mich wieder zum Leben mit einer Botschaft von Dir! Doch man hält dich gefangen, ich weiß es ja wohl. Aber warum dich? *Ich* bin der Verrückte; mich muss man fesseln! O, fessle du mich, umwinde meinen Nacken mit der Schnur deiner Locke! Aber deine Locke um meinen Hals ist

109 Ebd., S. 42f.

> zerrissen; und trotzdem bin ich nur dein Sklave geblieben. Tu etwas – hilf mir! […] Sind wir nicht beide Menschenkinder, du wie ich; obwohl du ein üppiger Buchszweig bist, und ich ein verdorrender Dorn […].‹«[110]

Das Zerbröckeln des Mutterbildes trifft ins Mark der eigenen Identität, die in diesem gespiegelt wird. Es bringt das »Urvertrauen« und die Zuversicht zum versiegen, die man mit der Muttermilch quasi aufgenommen hat, um die keimende Identität in seiner Entwicklung zu stärken. Madschnun ist sich dessen in seinem Wahnsinn (und Nizami in seiner Poesie) bewusst:

> »Ach, wäre doch dein Schatten wenigstens bei mir geblieben! Aber auch ihn hast du mir weggenommen, und mein Herz und meine Seele dazu. Und was habe ich erhalten dafür? Was ist mir geblieben? Die Hoffnung? Nun, so sieht ein durstiges Kind im Traum die Hand, die ihm einen goldenen Becher reicht. Und wenn es erwacht aus dem Schlaf, was bleibt dann? Es kaut vor Durst nur den eigenen Finger.«[111]

Stärker als jede andere äußere Bedrohung und stärker als der Tod, drückt sich in Madschnuns Wahnsinn die wohl größte Gefahr der Liebe aus. Seiner Selbstbeherrschung beraubt, mit nun geschwächtem Selbstschutz gegenüber den Dingen des Alltags, ist der Liebende wieder schutzlos den frühesten Urängsten ausgesetzt, die Freud als »psychische Hilflosigkeit« des Säuglings beim Verlust der Mutter umschrieb.[112] Die Geburt der Liebe bewirkt eine Art »Déjà-vu-Erlebnis« mit der gleichzeitigen Ahnung um ihr Ende. Hinter dem hellen Schein einer gerade aufflackernden Liebe droht bereits dunkel ihr Verlust. Das Bild der Geliebten haucht den frühen Erinnerungen an die Mutter, bevor sie als etwas von einem selbst Getrenntes wahrgenommen wurde, neues Leben und zugleich neuen Tod ein.

Madschnuns Verlangen nach Vereinigung ist so stark, dass er trotz der fortschreitenden Zerstörung seiner Identität daran festhält. Er hält die geschlechtliche Begierde für das größte Hindernis auf dem Weg der Vereinigung mit Leila. Übersetzt in einen kultursensitiven »Mutter-

---

110 Ebd., S. 45f.
111 Ebd., S. 47f.
112 Siehe das vierte Kapitel in S. Freud (1933): Neue Folge der Vorlesungen zur Einführung in die Psychoanalyse (a. a. O.).

Sohn-Diskurs« könnte man sagen, dass der Sohn die Trennung von der Mutter und seinen (bewusst ersehnten) Eintritt in die Männerwelt unbewusst für seine Männlichkeit und dessen primärer Ausdrucksform – der phallischen Begierde – verantwortlich macht. Diese Begierde trennt und spaltet nicht nur, was ursprünglich ein Ganzes war, sondern sie zeigt sich auch in der fantasierten Gewalt sexueller Leidenschaft, die nach Madschnuns Vorstellung keinen Platz in der »wahren« Liebe hat. Der von ihm, oder, genauer gesagt, von Noufal unternommene Versuch, durch einen Krieg gegen ihre Familie und ihren Stamm Besitz von ihr zu ergreifen, symbolisiert die zerstörerische Gewalt des männlichen Triebes und Madschnuns eigene Ambivalenz diesem gegenüber. Bis zu einem gewissen Grad stimmt Madschnun den Feindseligkeiten zu und er trägt auch zum Ausbruch dieser Demonstration kriegerischer Männlichkeit bei, aber er ist nicht bereit, am eigentlichen Kampfgeschehen teilzunehmen. Und nachdem die Kämpfe vorbei sind, straft er sich dafür, dass er dem Drängen seiner männlichen Begierde erlegen ist und büßt seine Schuld, indem er sich von einem Bettelweib fesseln und wie ein wildes Tier vor den Leuten zur Schau stellen lässt. In Nizamis Erzählung der Sehnsucht repräsentiert auch der Vater ein Hindernis für das Streben des Sohnes nach seelischer Einheit mit der Mutter. Allerdings ist dieser Vater nicht der ödipale Gegenspieler oder Rivale in der Fantasie des Kindes, dem man so häufig in der Literatur des Westens begegnet und der den sexuellen Zugang des Sohnes zur Mutter aus Eigeninteresse versperrt. Er ist vielmehr darauf bedacht, den Sohn von ihr wegzudrängen, um das verwöhnte, androgyne Kind in die »wirkliche« Welt seiner männlichen Kultur zu locken. So umreißt der Vater in seinen Gesprächen mit Madschnun Vorstellungen männlicher Identität und ist bemüht, den Sohn auf dem Weg zur Männlichkeit zu begleiten. Ein solcher Vater kastriert oder behindert nicht, sondern ist ein Initiator.

Wenn wir nicht bereits vermuten würden, dass eine Liebesgeschichte die Ideale einer Kultur infrage stellt, so hätte uns Madschnuns phallische Unterwerfung an eine Frau im Rahmen einer so ausgeprägt männlichen Kultur, wie die des Islam, überrascht. Der verrückte Liebende stellt das Klischee von männlicher Dominanz und weiblicher Unterwerfung auf den Kopf – zweifellos weit verbreitete Vorstellungen, die aber insbesondere in der Zeit und Gesellschaft, in der Nizami gelebt hat, ausgeprägt waren. Von universeller Bedeutung ist aber Madschnuns aktives Streben nach Infantilisierung. Damit wird der Rückschluss betont, dass zum erotischen Wesen eines Mannes ebenso der Wunsch gehört, wie ein Säugling im Arm gehalten zu werden, wie auch der Wunsch, eine Frau zu sein, wie auch der Wunsch, in der Vereinigung mit der Geliebten seinen Penis zu gebrauchen.

Alle diese scheinbar widersprüchlichen Wünsche bilden eine paradoxe Einheit im verborgenen Kern der sexuellen Identität des Mannes, wenn er beim Orgasmus mit seinen vorübergehenden Überschreitungen des Selbst und der sexuellen Grenzen etwas wiederentdecken und neu erobern möchte, das als verlorenes Paradies beschrieben werden kann, nämlich die mütterliche Geborgenheit zwischen unserer leiblichen und der »psychischen« Geburt. Die phallische Illusion des modernen Mannes, die diese Wünsche verdrängt, hat zu einer Reduktion der männlichen Erotik geführt, in der er sich nur noch als ein phallisches Wesen betrachtet, auf der konfliktreichen Suche nach ständiger geschlechtlicher Vereinigung mit einer Frau.

VII. Religion und Psyche: Freuds Zukunft der Illusion aus indischer Perspektive

Ich habe *Die Zukunft einer Illusion* das erste Mal gelesen, als ich 19 Jahre alt war.[113] In indischen Provinzstädten aufgewachsen, studierte ich inzwischen Maschinenbau in Ahmedabad, einer Stadt, die zutiefst mit Gandhi und der indischen Freiheitsbewegung verbunden wird. Hier stieß ich auf Freuds Schriften und unternahm meine ersten Schritte in die westliche Ideen- und Vorstellungswelt. Ich kann nicht behaupten, dass ich alles, was ich so gierig verschlang, verstanden hätte. Ich spürte aber, dass ich von meiner heimischen hindu-indischen Vorstellungswelt weggeführt wurde – einer Welt, die voller Mythen und Wunder und von einer romantischen Sehnsucht durchdrungen war. Mir öffnete sich eine Welt, in der – wenn man genau und tief genug schaute – alle Götter Tonfüße hatten. Dieses Erlebnis war erhebend.

Die Zukunft einer Illusion war in meinem persönlichen »Befreiungskampf« ein wichtiger Text, auch wegen Freuds Einschätzung der Religion, die im Einklang zu sein schien mit dem Religionsverständnis meiner zweiten jugendlichen Leidenschaft: des Marxismus. Freud ist reiner Marxist, wenn er davon spricht, dass einer trägen Masse die Kultur von einer Minderheit auferlegt wird, die es versteht, sich der Mittel von Macht und Zwang zu bedienen.[114] Auch spricht er im Sinne von Marx, wenn er über

113 S. Freud (1927): Die Zukunft einer Illusion. Frankfurt/M. (Fischer Taschenbuch Verlag), 2005.

114 Ebd., S. 110.

die ökonomischen Grundlagen der Kultur – die Probleme der Gewinnung und Verteilung von Gütern – schreibt. Erst dann wendet er sich einer »psychischen Bestandsaufnahme« von Kultur zu, in der Religion ein so wichtiger Aspekt ist, Menschen mit ihrem Los auszusöhnen.

Für jemanden, der zu einer Zeit aufwuchs, in der westliche Modernität – ein Sammelbegriff für politische Demokratie, wissenschaftliche Rationalität und philosophischen Individualismus – von vielen Indern als eine erstrebenswerte Zukunft der Gesellschaft betrachtet wurde, war Freuds Angriff auf alles Religiöse, einschließlich meines hinduistischen Erbes, ebenso willkommen wie die marxistische Ablehnung der Religion als Opium des Volkes. Für viele von uns, berauscht von den Ideen westlicher Gurus, war die politische Freiheit vom Kolonialismus noch nicht zur Freiheit des »entkolonialisierten Geistes« weiterentwickelt.

Heute, Jahrzehnte später, stimme ich nicht länger mit Nietzsches Ausruf überein, dass jede Vergangenheit es Wert sei, verdammt zu werden.[115] Indessen hinterfrage ich meine frühere Idealisierung westlicher Kultur und der jüdisch-christlichen Tradition, in der auch die Psychoanalyse – trotz einiger Differenzen in ihrer Vorstellung vom Menschen – einen festen Platz hat. Und so kehre ich mit einiger Skepsis zurück zu dem großen Skeptiker Freud.

Beim Lesen der *Zukunft einer Illusion* aus der Perspektive eines Inders und in einem späteren Lebensabschnitt bin ich erstaunt, wie wenig Freuds Analyse der Religion von »persönlichen Momenten seiner eigenen Erfahrungen« und »subjektiven Erwartungen«[116] seines kulturhistorischen Hintergrundes zu trennen ist. Als Hindu überrascht mich das nicht, wobei an dieser Stelle erwähnt werden sollte, dass ich das »Hindu-Gewand« – nicht ganz ohne spielerische Anstrengung – bewusst für den Zweck dieses Essays überstreife. Es ist ein Grundsatz hinduistischer Philosophie, dass individuelles »Handeln« nur im Kontext einer Kultur und eines Landes *(desha)*, der historischen Zeit, in der jemand lebt *(kala)*, den Anstrengungen, die einem in einer bestimmten Lebensphase abverlangt werden *(shrama)*, und nicht zuletzt der angeborenen psycho-biologischen Charaktereigenschaften *(guna)* verstanden werden

115 F. Nietzsche (1874): Vom Nutzen und Nachteil der Historie für das Leben. Stuttgart (Klett), 2002.

116 S. Freud (1927): Die Zukunft einer Illusion (a. a. O.), S. 109, 2005.

kann. Der Einzelne kann diese Konfigurationen, seinen auf Erfahrungen aufbauenden Hintergrund, niemals in einem absoluten Sinn erkennen. Dieser Grundsatz ähnelt dem Argument des Philosophen Charles Taylor, der sagt, dass unser auf Erfahrung beruhender Hintergrund nie vollständig fassbar ist, da jegliche Artikulation aus diesem subjektiven Hintergrund hervorgeht.[117]

Wenn man die Hindu-Doktrin von *guna*, die zusammen mit dem Glauben an die Wiedergeburt die menschliche Entwicklung in einer Folge von früheren Leben verankert sieht, durch das Freud'sche Gegenmodell ersetzt, also *guna* in die frühe Kindheit verlagert (in die »Vor-Geschichte« des Erwachsenen statt in frühere Geburten), dann ist die traditionelle hinduistische Betonung der Relativität allen menschlichen Handelns (einschließlich der Entstehung von Wissen) erstaunlich modern. Diese Hervorhebung der Relativität, obwohl noch selten in psychoanalytischen Schriften,[118] fällt mit einflussreichen Strömungen in der modernen westlichen Philosophie zusammen, in denen zumindest auch die kulturhistorische Einbettung (*desha-kala*-Komponente) des menschlichen Wissens und Verständnisses betont wird.[119] Und obwohl die Psychoanalyse sowohl klinisch als auch theoretisch einige kulturhistorische Wahrheiten ihrer Epoche infrage stellt, sind die Schriften Freuds ein herausragendes Beispiel dafür, dass Kultur und Geschichte – *desha* und *kala* – lautlos im Hintergrund unseres Bewusstseins wirken. Mit anderen Worten: Die Psychoanalyse ist zwangsläufig mehr ein Produkt als eine Kritikerin ihrer Zeit.[120]

117 C. Taylor (1995): Philosophical Arguments. Cambridge/Mass. (Harvard University Press), S. 70.

118 Von einigen Ausnahmen abgesehen, siehe E.H. Erikson (1975): On the Nature of Psycho-Historical Evidence. In: E.H. Erikson: Life History and the Historical Moment. New York (Norton); R. Stolorow & G. Atwood (1992): Contexts of Being. Hillsdale/NJ (Analytic Press); R. Stolorow, D. Orange & G. Atwood (2001): World Horizons: A Post-Cartesian Alternative to the Freudian Unconscious. In: Contemp. Psychoanal. 37, S. 43–61.

119 Vgl. M. Heidegger (1927): Sein und Zeit. Tübingen (Max Niemeyer Verlag), 1986; H.G. Gadamer (1960): Wahrheit und Methode. Tübingen (J.C.B. Mohr Verlag); W. Dilthey (1976): The Types of World View and Their Development in Metaphysical Systems. In: W. Dilthey: Selected Writings. Herausgegeben von H.P. Rickman. Cambridge (Cambridge University Press).

120 T.J. Zeddies (2002): Behind, Beneath, Above, and Beyond. In: Journal of the American Academy of Psychoanalysis 30, S. 211–229.

Lassen Sie mich ein Beispiel aus dem Eingang der *Zukunft einer Illusion* geben, wo Freud wie ein konservativer, patriarchaler Brahmane klingt, der die unteren Kasten betrachtet, wenn er von der Notwendigkeit einer überlegenen Führungsklasse schreibt:

> »Ebensowenig wie den Zwang zur Kulturarbeit, kann man die Beherrschung der Masse durch eine Minderzahl entbehren, denn die Massen sind träge und einsichtslos, sie lieben den Triebverzicht nicht, sind durch Argumente nicht von dessen Unvermeidlichkeit zu überzeugen und ihre Individuen bestärken einander im Gewährenlassen ihrer Zügellosigkeit.«[121]

Betrachtet man die oben genannten vier »Hindu-Koordinaten«, die Handlung bedingen, so sind die *desha*- und *kala*-Komponenten in Freuds Beobachtung ziemlich klar: Er lebte in Europa zwischen den Weltkriegen, als extreme Ideologien der Linken und Rechten Massenbewegungen entstehen ließen, die von messianischer Leidenschaftlichkeit durchdrungen waren. Aufbauend auf der klassischen Vorstellung von Massen, die von Gustave Le Bon beschrieben wurden (dessen eigene Ideen sich wiederum vor dem Hintergrund der Furcht der französischen Oberschicht vor den revolutionären Massen entwickelt hatten), ist Freuds Nachdenken über die Massenpsychologie von ideologischen Befürchtungen seiner Zeit beeinflusst, nämlich der liberalen Angst vor dem Verlust individueller Autonomie in einem Kollektiv und der sozialistischen Sorge, wie das ersehnte Kollektiv toleranter und tolerierbarer zu machen sei. Zudem wurde Freuds starker anti-religiöser Standpunkt auch der Tradition des radikalen Rationalismus zugeschrieben, einer Tradition, in der er aufgewachsen war,[122] wie auch den kulturellen Kontexten des Freud'schen Wien, in dem eine konservative katholische Kirche antisemitische Politik förderte, die schließlich im Nationalsozialismus kulminierte.[123]

Sucht man in der *Zukunft einer Illusion* die individuellen Koordinaten (die *shrama-guna*-Komponente), wird es schwieriger. Vielleicht hing Freuds Ablehnung der Religion als universale Zwangsneurose der

121 S. Freud (1927): Die Zukunft einer Illusion (a. a. O.), S. 111f., 2005.

122 H. Loewald (1977): Review of The Freud/Jung Letters. In: Psa. Q. 46, S. 514–527.

123 C.E. Schorske (1979): Fin-de-siècle Vienna: Politics and Culture. New York (Knopf); W.J. McGrath (1986): Freud's Discovery of Psychoanalysis. Ithaca (Cornell University Press); P. Gay (1988): Freud: A Life for Our Time. New York (Norton).

Menschheit mit seiner damaligen Lebensphase *(ashrama)* zusammen, die von seiner Krankheit und einem sich vertiefenden Pessimismus gezeichnet war. Wir wissen, dass seine Ansichten über Religion in früheren Lebensstadien etwas milder waren. Paul Roazen erinnert uns in seiner Einleitung zu Oscar Pfisters Korrespondenz mit Freud daran, dass der Letztere ein Jahrzehnt früher, in seiner Fallgeschichte vom Wolfsmann, sehr viel toleranter gegenüber der Religion war als in seinen durchgängig negativen Kommentaren in der *Zukunft einer Illusion.*[124] Und was seine *guna*-Persönlichkeitszüge anbelangt, die aus seiner »Vor-Geschichte« stammen, etwa Freuds Mangel an »Musikalität« gegenüber der Religion, so wurde argumentiert, dass sie mit dem Bedürfnis der Verdrängung der mütterlichen Feindseligkeit zusammenhängen, die dann auf den Vater und die Religion übertragen wurde.[125]

Nach der methodischen Betrachtung der *Zukunft einer Illusion* durch eine traditionelle hinduistische Brille werde ich mich nun dem weitaus bedeutenderem Inhalt zuwenden und dabei wieder eine hinduistische Position einnehmen. Ich werde allerdings nur Freuds Diskussion des psychologischen Ursprungs der *Gottesidee* und des Wesens der Illusion aufgreifen, die einem nachdenklichen Hindu, der mit Freuds Anliegen der Dekonstruktion religiöser Ideen ansonsten sympathisiert, merkwürdig, wenn nicht unverständlich erscheint. »80 Jahre nachdem Sie *Die Zukunft einer Illusion* verfassten, frage ich mich, ob Sie noch immer an Ihren Hauptthesen festhalten«, würde unser imaginärer Hindu seinen Dialog mit Freud beginnen (in einer Art literarischer Fantasie-Form, die auch Freud häufig eingesetzt hat). »Ich bin mir im Klaren darüber, dass Sie den Inhalt schon kurz nachdem Sie den Text verfasst hatten, als kindisch bezeichneten[126] und dass Sie Ihre strenge Haltung in gewisser Hinsicht später, in *Das Unbehagen der Kultur*, abmilderten, indem Sie sagten, dass Sie nicht über die tiefsten Quel-

124 O. Pfister (1993): The Illusion of a Future: A Friendly Disagreement with Prof. Sigmund Freud. In: I.J. Psycho-Anal. 74, S. 557–558.

125 A. Rizutto (1998): Why did Freud reject God? A Psychodynamic Interpretation. New Haven/CT (Yale University Press); siehe auch M. Ostow (1998): A Godless Jew. Int. R. Psycho-Anal. 16, S. 119–121.

126 Vgl. den Brief von S. Freud an S. Ferenczi vom 23.10.1927 in S. Freud & S. Ferenczi (2000): The Correspondence of Sigmund Freud and Sándor Ferenczi. Bd. 3: 1920–1933. Cambridge/MA. (Belknap Press), S. 375.

len der Religion sprächen, sondern über das, was der einfache Mann unter Religion versteht.[127] Dennoch treten Sie in allen Ihren Schriften zur Religion von zwei Schlussfolgerungen nicht zurück, der Idee von Gott als erhöhter Vaterfigur und dem illusorischen Wesen religiöser Glaubenssysteme, die Sie als offensichtlich infantil und realitätsfern bewerteten.[128] Deshalb möchte ich hier auf diese beiden Ideen eingehen, ohne darüber zu spekulieren, wie Sie diese revidiert hätten – etwas, das Sie im Lichte neuer Beobachtungen und Erkenntnisse nie zögerten zu tun. Eine Hauptschwierigkeit, die ich mit *Die Zukunft einer Illusion* habe, ist Ihre Vorstellung, dass die religiösen Ideen und Glaubensvorstellungen einen zentralen Platz in der Religion des einfachen Mannes einnehmen. Im Hinduismus haben Ritual und Praxis Vorrang vor dem Glauben, dem weit weniger Bedeutung beigemessen wird als in der jüdisch-christlich-islamischen Tradition. Ein Hindu mag an einen oder viele Götter glauben oder kann ein Atheist sein, was ihn allerdings zum Hindu macht, sind die rituellen Praktiken und sein Einhalten von Regeln statt das Befolgen von Doktrinen. Rituale haben Vorrang vor theologischen Doktrinen – historisch und konzeptionell –,[129] und die religiöse Identität eines Hindu hängt nicht von geteilten Ideen und Glaubensvorstellungen ab, sondern von Ritualen und Übergangsriten, die zu Hause oder im Tempel, auf Festen und Pilgerfahrten zelebriert werden. Kurzum: Ein Hindu ist, was ein Hindu *tut*.«

Hinduistische Gottesvorstellungen haben sich in ihrer 5.000-jährigen Geschichte durch viele Gegenströmungen herausgebildet. Über die Jahrhunderte haben Wechselwirkungen und Synthesen dieser Glaubensströmungen zum gegenwärtigen Hinduismus mit seinen vielfältigen Lehren und diversen Kulten geführt. »Da steht der Glaube an die Beseeltheit von Steinen oder Bäumen (Animismus, Pantheismus) neben dem Glauben an Hochgötter, die monotheistische Verehrung eines Gottes ist ebenso möglich wie die polytheistische oder -dämonistische Anbetung vieler Götter, Dämonen und Geister«, schreibt der Indologe Axel Michaels und fährt fort:

127 S. Freud (1930): Das Unbehagen in der Kultur (a.a.O.), S. 206.
128 Ebd.
129 G. Flood (1998): An Introduction to Hinduism. Cambridge (Cambridge University Press), S. 199.

»[G]elebt wird die Religion in ritualistischen (Brahmanismus, Tantrismus), devotionalistischen (Bhakti), spiritualistisch-mystischen (Askese, Yoga, Meditation) und heroistischen Formen [...]. Und doch werden all diese Religionsformen weitgehend friedlich nebeneinander praktiziert. Fast möchte man meinen, in Indien sei die religiöse Postmoderne verwirklicht: ›Anything goes.‹«[130]

Es ist im Hinduismus insofern schwierig, von einer einzigen, verbindlichen Vorstellung religiöser Ideen zu sprechen. Das betrifft auch die Gottesvorstellungen. Man kann von einem Gott oder vielen Göttern sprechen und zur Kenntnis nehmen, dass es ebenso Schulen gibt, wie beispielsweise im Buddhismus, die einen Gott vollkommen verwerfen. Weder in der upanischadischen noch in der yogischen Mystik, die bis ins sechste vorchristliche Jahrhundert zurückreicht und die von manchen als Aushängeschild der Hindu-Religiosität betrachtet wird, findet sich eine Spur von Liebe zu Gott oder die Sehnsucht nach Vereinigung mit ihm. Beides aber gilt sowohl in der christlichen als auch in der islamischen Tradition als höchster Ausdruck mystischen Gestimmtseins.

Freud verbindet die »Geburt Gottes« mit zwei Motiven: einem augenscheinlichen und einem tiefer liegenden. Das augenscheinliche Motiv dient der Abwehr der überlegenen, zerstörerischen Naturkräfte, indem man sie vermenschlicht und sie sich in einer kindlichen Weise nahebringt: »Man kann gegen diese gewalttätigen Übermenschen draußen dieselben Mittel in Anwendung bringen, deren man sich in einer Gesellschaft bedient, kann versuchen, sie zu beschwören, beschwichtigen, bestechen, raubt ihnen durch solche Beeinflussung einen Teil ihrer Macht.«[131] Die Formulierung des augenscheinlichen Motivs durch Freud kann auch auf die Ursprünge des altindischen Pantheons angewendet werden. Die meisten vedischen Götter (ca. 1800 v. Chr.), obgleich nicht alle, sind Naturgewalten, die sich durch Opfer und Anbetung befrieden lassen, die man um Hilfe bitten kann oder die man, wie im Falle des zornvollen Rudra, überreden kann, sich nicht in die Angelegenheiten der menschlichen Welt einzumischen. Heute werden diese Naturgötter kaum noch

130 A. Michaels (1998): Der Hinduismus. Geschichte und Gegenwart. München (Beck Verlag), S. 17f.

131 S. Freud (1927): Die Zukunft einer Illusion (a.a.O.), S. 120, 2005.

verehrt, obgleich sie in alten Beschwörungen, die manche der religiösen Rituale begleiten, anwesend sind. Dieses augenscheinliche Motiv für die Geburt Gottes bezweifelt ein nachdenklicher Hindu nicht. Was er aber bei allem Respekt anfechten würde, ist die Stichhaltigkeit von Freuds tieferem Motiv, der Universalität des Vaterkomplexes – die Angst vor dem Vater bei gleichzeitiger Bewunderung und Sehnsucht nach ihm –, die in die Ausformung der Gottesidee einfließt.

»Sie sind am Anfang ihrer Erkundungen der Religion sehr viel umsichtiger, Sie sind sich der historischen und kulturellen Relativität ihrer Erörterungen bewusst und begrenzen sie auf die gegenwärtige christliche Kultur«, würde unser imaginärer Gesprächspartner fortfahren. »Aber sobald Sie zu dem tieferen Motiv kommen, das Vater und Gott miteinander verschmelzen lässt, haben Sie diese Umsicht nicht länger, beispielsweise wenn Sie behaupten, dass der Urvater das Urbild Gottes war, das Vorbild, nach dem spätere Generationen die Gottesgestalt gebildet haben,[132] oder wenn Sie die Religion als eine kollektive, menschliche Zwangsneurose betrachten, die wie die Zwangsneurosen bei Kindern aus dem Ödipuskomplex stammt, der Vaterbeziehung.[133] Ihre ganze Konstruktion der Gottesidee baut auf dem hilflosen Kind und dem beschützenden Vater auf, der auch eine Quelle der Gefahr ist. Diese Ambivalenz, die, wie Sie behaupten, tief in jede Religion eingraviert ist, scheint in der hinduistischen, religiösen Vorstellungswelt nicht zu existieren oder zumindest unbedeutend zu sein – sie ist höchstens eine Melodie am Rande einer großen Symphonie.«

Der einzige Gott der ikonografisch in der Tat mit einem grauen Bart dargestellt wird und der mit dem beschützenden Vater gleichgestellt werden könnte, ist der Schöpfergott Brahma. Er ist heute aber ein vergessener und vernachlässigter Gott, dem in Indien nur zwei oder drei Tempel gewidmet sind. In den drei Haupttraditionen Vaishnavismus, Shivaismus und Shaktismus, mit ihrer entsprechenden Verehrung von Vishnu, Shiva und den vielen Formen der großen Göttin Maha Devi, wäre es schwierig, wenn nicht gar unmöglich, einen Vater in den von Hindus verehrten Göttern aufzuspüren. Es geht dabei nicht um die Frage Monotheismus kontra Pantheismus, da die meisten Hindus an die Existenz einer einzigen

132 Ebd., S. 145.
133 Ebd., S. 146.

göttlichen Macht glauben, die sich hinter den Formen der unzählbar vielen Gottheiten verbirgt. In der Brihadraranyaka-Upanishad (ca. 900 v.Chr.) fragte der Weise Vidagdha einen anderen Weisen Yajnavalkya, wie viele Götter es gäbe. Dreitausendunddrei und dreihundertunddrei, antwortete Yajnavalkya. Aber als Vidagdha fortfuhr, dieselbe Frage zu wiederholen, wurde die Anzahl der Götter immer geringer: sechsunddreißig, sechs, drei, zwei, eineinhalb und schließlich einer.[134]

»Wenn wir nur über die beschützende Rolle sprechen, die Sie dem Gottvater zuschreiben«, würde der hinduistische Gesprächspartner Freuds die Unterredung fortsetzen, »dann wäre diese Rolle in der hinduistischen Ikonografie elterlich statt väterlich. Hindu Gottheiten werden gewöhnlich nicht allein, sondern mit ihrem Partner dargestellt – sei es in Tempeln oder auf Farbdrucken, die es auf jedem Basar zu kaufen gibt. Oft wird eine Gottheit auch nicht allein angerufen, sondern als Teil eines Paares: ›Sitarama‹ statt ›Sita und Rama‹, ›Radhakrishna‹ statt ›Radha und Krishna‹. In den zwei großen Strömungen, dem Vaishnavismus und Shivaismus, scheint das Gefühl der Hilflosigkeit und die Suche nach Schutz bei Gott das Letzte zu sein, woran ein Gläubiger denken würde. Man kann beispielsweise Krishna wählen, eine Form Vishnus und einer der beliebtesten Götter Indiens: In Krishnas Ikonografie und in seiner Darstellung in der religiösen Dichtung und in Liedern ist er entweder ein Kleinkind – mit den kindlichen Attributen der Freiheit, Spontaneität und Selbstfreude, die Hindus als göttliche Eigenschaften betrachten[135] – oder als ewiger Jüngling abgebildet, entweder in Begleitung seiner Liebhaberin Radha oder Flöte spielend inmitten einer oft tanzenden Schar junger Mädchen.

Im Shivaismus ist es der Gott Shiva – ursprünglich der Zerstörer in der Hindu-Trinität (Brahma ist der Schöpfer und Vishnu der Erhalter) –, der dem Gottvater der jüdisch-christlichen und islamischen religiösen Tradition am ähnlichsten ist. Aber Shiva ist mehr als alle anderen Gottheiten ein ungezähmter Gott, der nicht auf eine einzelne Rolle reduziert werden kann. Er ist der Herr der Asketen, aber auch der unermüdliche Liebhaber, dessen sexuelle Umarmung mit seiner Partnerin Parvati 1.000

134 S. Radhakrishnan (1994): The Principal Upanishads. New Delhi (Harper Collins), S. 235.

135 S. Kakar (2003): Kindheit und Gesellschaft in Indien (a.a.O.), S. 244–248.

Jahre andauert. Als Hari-Hara ist er halb Vishnu und halb Shiva, als androgyner Ardanarishvara ist er der Gott, der halb Frau ist, also Shiva und Parvati vertikal zusammengeschmolzen zu einer einzigen Gottheit. Heute wird Shiva weniger als ein zorniger Gott betrachtet, der mit der wiederkehrenden Aufgabe betraut ist, die Schöpfung zu zerstören, sondern als Shankara (»Zerstreuer des Zweifels und der Schwierigkeiten«) oder als Shambhu (»Wohlwollender«). Er ist somit ein freundlicher Gott, der gelegentlich zu Ausschweifungen neigt.

Wenn es eine Ambivalenz im Verhältnis zum Vater ist, die zu einer tiefen Antriebskraft in der Gottesgestaltung wird, dann müssen wir im Hinduismus diese Ambivalenz im Verhältnis zur Mutter und zu den Göttinnen suchen, ein Motiv, das sich in der Shakta-Tradition unmittelbar zeigt. Die unzählbaren Dorfgottheiten, alle Manifestationen der Großen Göttin Maha Devi (beziehungsweise eines Teilaspekts derselben), sind erdverbunden, weltlich, vertraut mit den Unsicherheiten und Problemen, den Bedürfnissen und Gebeten des Alltags.[136] Im Vergleich dazu sind die männlichen Götter unnahbar. Die Große Göttin ist eine ambivalente Figur – sie verkörpert sowohl die zornige, blutrünstige Kali mit ihrer heraushängenden Zunge als auch die sanfte, wohlwollende Parvati mit Brüsten, die von Muttermilch überquellen. Es sind diese zornigen und schützenden Formen, die sich in der Großen Göttin vereinen. Wendy Doniger nennt sie die »Göttinnen des Zahns« und die »Göttinnen der Brust«[137] – es handelt sich sozusagen um die Urmutter statt den Urvater, die der Idee des Göttlichen in der Shakta-Tradition zugrunde liegt.

»Ich glaube, dass die vorherrschende Haltung gegenüber Gott in der jüdisch-christlich-islamischen Tradition Sie dazu verleitet hat, diese auf andere Religionen der Menschheit zu übertragen«, sagt der imaginierte Hindu zu Freud. »Abgesehen von Hingabe, Gehorsam oder kindlicher Liebe, die zusammen die üblichen Formen sind, sich einem Gottvater anzunähern, strebt ein Hindu danach, eine Intimität mit seiner Gottheit mithilfe anderer *bhavas* (›Stimmungen‹ oder ›Gefühle‹) aufzubauen. In der hinduistischen Welt passt also nicht jedem der gleiche Anzug. So sind einige weitere Haltungen, die man gegenüber Gott einnehmen

136 Ebd., S. 137.

137 W. (Doniger) O'Flaherty (1980): Women, Androgynes and Other Mythical Beasts. Chicago (University of Chicago Press), S. 91.

kann, beispielsweise *sakhya*, das Gefühl der Freundschaft, *madhurya*, die romantischen und erotischen Gefühle, oder *vatsalya*, das Gefühl einer Mutter gegenüber ihrem Kind. Mit anderen Worten: Gott kann zum Freund, Liebhaber oder Kind werden. Letztere Haltung gegenüber dem Göttlichen, die aus der Verehrung des Krishna-Kindes bekannt ist, führt nicht zu einem Gottvater, sondern zu einer Umkehrung der Beziehung von Mensch und Gott. Entsprechend sind Gefühle der Ehrfurcht im Verhältnis zu Gott und die Furcht, die damit verbunden wird, in den vaishnavitischen und shivaitischen Traditionen selten; Ehrfurcht distanziert und trennt, statt zu verbinden und zusammenzufügen.«[138]

Mit dem Vorteil, Dinge im Nachhinein betrachten zu können, würde der »nachdenkliche Hindu« sagen, dass Freuds Verstrickung im *desha-kala*-Netz, in der »Archäologie des Wissens«[139] oder den Diskurs-Systemen, die einen an das binden, was zu einem bestimmten historischen Zeitpunkt gedacht und ausgedrückt werden darf, nirgends offensichtlicher ist als in Freuds pauschaler Abweisung der Illusion. Bei all seiner Kreativität war Freud ein Erbe der europäisch-christlichen Welt, in der die Illusion lange Zeit der Inbegriff von Trickspielerei und Täuschung war, einer Welt, in der Satan der größte aller Betrüger war. Während Illusionen in einer früheren Ära als unheilvoll und dämonisch abgewehrt wurden, führte der *Logos* der Wissenschaft im Zeitalter Freuds dazu, dass er Illusionen als etwas Pathologisches betrachtete. Entsprechend wird Religion bei Freud nicht nur mit zwanghaften Einschränkungen gleichgesetzt, sondern birgt auch ersehnte Illusionen, so »wie wir es isoliert nur bei einer Amentia, einer glückseligen, halluzinatorischen Verworrenheit, finden«.[140]

»Hindus sind Illusionen gegenüber sehr viel aufgeschlossener«, setzt Freuds imaginärer Gesprächspartner die Diskussion fort.

> »Sie tendieren dazu, die Illusion mit einer gewissen Verspieltheit zu assoziieren und eher als hilfreiche statt bösartige Täuschung zu betrachten. Wenn Sie einen orthodoxen Hindu nach dem Wesen der Welt befragen oder warum sie erschaffen wurde, würde die Antwort lauten, dass sie das Spiel *(leela)* Gottes sei. Die Welt als Illusion zu betrachten zeigt sich

138 S. Kakar & C. Clément (1993): Der Heilige und die Verrückte. München (C.H. Beck Verlag), S. 130.

139 M. Foucault (1981): Archäologie des Wissens. Frankfurt/M. (Suhrkamp).

140 S. Freud (1927): Die Zukunft einer Illusion (a. a. O.), S. 146, 2005.

häufig in Mythen und Metaphern, die typische Formen der hinduistischen Weltanschauung sind. So zum Beispiel in einem Mythos über das göttliche Kind Krishna (eine Form von Vishnu) und seiner Mutter Yashoda: Eines Tages berichten Krishnas Spielkameraden seiner Mutter, dass ihr Sohn heimlich Erde gegessen habe. Yashoda schimpft ihr Kind aus, doch Krishna beschwört seine Unschuld. Mutter, sagt er, wenn du mir nicht glaubst, dann kannst du ja in meinen Mund hineinschauen. Als die Mutter des Gottes dies tut, sieht sie das gesamte Universum in seinem kleinen Mund. Bewegungsloser Raum, die vier Himmelsrichtungen, die Erde mit ihren Bergen, Inseln und Ozeanen, Wind, Feuer, die Milchstraße mit Mond und Sternen, Wasser, Himmel, Götter, die fünf Elemente der Materie und die drei Eigenschaften der Schöpfung sind alle im Mund des Gottes Krishna. Auch sieht sie ihr eigenes Dorf und sich selbst. Yashoda ist verwirrt. Ist dies ein Traum oder eine von Gott gemachte Illusion? Oder ist es eine Irreführung ihres eigenen Geistes? Als er seine Mutter so verstört sieht, schließt Krishna seinen Mund. Sobald er das tut, sind die Erinnerungen an das, was sie darin gesehen hat aus ihrem Gedächtnis gelöscht, und einmal mehr, im Griff der mütterlichen Illusion, ist er wieder ihr kleiner Junge.«[141]

Im vedischen Denken wird *maya* (gewöhnlich als »Illusion« übersetzt) als eine bestimmte schöpferische Macht der Götter verstanden, eine Macht, die später Magiern und Künstlern zugeschrieben wird und in gewissen Schulen indischer Philosophie auch jedem von uns, und zwar in jedem Moment des Lebens.[142] In der Psychoanalyse wird diese Gleichsetzung von Illusion mit Kreativität mit dem einflussreichen Werk von Donald W. Winnicott verbunden,[143] das vielen späteren Analytikern erlaubte, die Rolle der Illusion in den Religionen in einem nicht abwertenden, ja sogar positiven Licht zu betrachten.[144]

141 K. Subramaniam (1988): Srimad Bhagavatam. Bombay (Bharatiya Vidya Bhavan), S. 330f. (Zitat in eigener Übersetzung).

142 W. (Doniger) O'Flaherty (1984): Dreams, Illusions and Other Realities. Chicago (University of Chicago Press), S. 118.

143 D.W. Winnicott (1951): Transitional Objects and Transitional Phenomena. In: D.W. Winnicott: Through Paediatrics to Psycho-Analysis. New York (Basic Books), S. 229–242, 1975; D.W. Winnicott (1970): Living Creatively. In Home Is Where We Start From. Harmondsworth (Pelican Books), 1986.

144 Vgl. W.W. Meissner (1992): Religious Thinking as Transitional Conceptualization. Psychoanal. Rev. 79, S. 175–196; P. Pruyser (1983): The Play of the Imagination: Toward a Psychoanalysis of Culture. New York (International Universities Press); A. Rizzuto (1979): The Birth of the Living God: A Psychoanalytic Study. Chicago (University of Chicago Press).

Winnicott hätte sicherlich seinen Kopf über eine Anekdote Freuds geschüttelt, in der er die Sachlichkeit eines seiner Kinder bewunderte, das sich jedes Mal in Geringschätzung von der Erzählung eines Märchens abwandte, wenn man ihm sagte, dass es keine wahre Geschichte sei.[145]

Es ist nicht so, dass Hindus die dunkle Seite der Illusion vollkommen leugnen. Die negativen Eigenschaften, die mit *maya* verbunden werden, fehlen im philosophischen Denken der Hindus und in den Volksvorstellungen nicht. Aufbauend auf der bedeutenden Arbeit der Indologin Wendy Doniger (mit dem wunderbaren Titel *Dreams, Illusions and Other Realities*), ließen sich die Hindu-Doktrinen der Illusion und die Art und Weise, wie sie die Haltung eines durchschnittlichen Hindus beeinflusst haben, folgendermaßen zusammenfassen: Das vedische Konzept der *maya* als eine Art künstlerisch-schöpferische Macht führte allmählich zu einer Umdeutung. Im späteren Hinduismus ist *maya* ambivalent. Sie steht einerseits für das schöpferische Potenzial der Götter, das göttliche Spiel *(leela)*, und andererseits für Magie, Täuschung und Betrug. In beiden Fällen kann *maya* am ehesten als »Transformation« übersetzt werden.[146] Mit anderen Worten: Einige indische Philosophieschulen betrachten *maya* überwiegend als positiv, etwas, dem man offen begegnen sollte, während andere mit Freuds Bewertung übereinstimmen würden und *maya* als etwas Negatives einschätzen, das es zu bekämpfen gilt. Beide Einstellungen bestehen im hinduistischen Denken nebeneinander. Wie aber ziehen Hindus eine Grenze zwischen Illusion und Realität? Weisen Hindus nicht die gesamte Existenz, die empirische Welt unserer Sinne, als *maya*, als Illusion zurück? Diese häufig anzutreffende Vorstellung davon, was ein Hindu über das Wesen der Welt glaubt, ist irreführend. So gab es beispielsweise auch die extremen, idealistischen Philosophen (hinduistische, allerdings mehr noch buddhistische), die der Vorherrschaft der Imagination einen ontologischen Status beimaßen. Die Ideen dieser Philosophen – Nagarjuna, Vasubandhu und andere – finden ein starkes Echo in den zeitgenössischen Ideen von Psychoanalytikern wie zum Beispiel Marc Bohm und Matte-Blanco, die der Auffassung sind, dass

145 S. Freud (1927): Die Zukunft einer Illusion (a.a.O.), S. 132, 2005.
146 W. (Doniger) O'Flaherty (1984): Dreams, Illusions and Other Realities (a.a.O.), S. 118.

die Imagination Grundlage der Realität ist.[147] Aber natürlich glaubt der durchschnittliche Hindu nicht wirklich daran, dass »[wir] vom Stoff [sind], aus dem die Träume sind«.[148] Mit anderen Worten:

> »[D]ass das Universum eine Illusion *(maya)* ist, heißt für einen Hindu nicht, dass es unwirklich ist; es heißt vielmehr, dass es nicht das ist, was es zu sein scheint, dass es etwas ist, das beständig im Entstehen ist. *Maya* täuscht nicht nur Menschen über Dinge, die sie glauben zu kennen; sie beschränkt sehr viel grundlegender ihr Wissen über Sachen, die epistemologisch und ontologisch zweitrangig sind«.[149]

Hinduistische Theorien lösen die sehr harte Grenze zwischen Illusion und Realität auf, die Freud in der *Zukunft einer Illusion* zieht. Für einen Hindu gibt es viele verschiedene Formen von Realität: konkrete Erfahrung, mystische Visionen, Erinnerungen, Träume. Einige sind realer als andere. Wie Wendy Doniger weiter bemerkt,

> »müssten diese auf verschiedenen Punkten einer endlosen Linie angesetzt werden. Ein vergleichbarer, wenn auch anderer Bereich wahrgenommener Realitäten existiert im Westen, aber der traditionelle westliche Weg ist, jedes Phänomen einander auf der grundlegenden polaren Opposition von hart und weich, wirklich und illusorisch zuzuordnen. Indien weigert sich, das zu tun.«[150]

Selbst Karl Popper, einer der am stärksten der Empirie zugewandten Philosophen der Moderne, von dem man erwarten könnte, dass er mit Freuds Einstellungen zur Illusion und Realität sympathisiere, ist bei dieser Frage flexibler:

> »Realismus ist unentbehrlich für den gesunden Menschenverstand. Der gesunde Menschenverstand oder der aufgeklärte Menschenverstand, unterscheidet zwischen Erscheinung und Realität. […] Aber der gesunde Menschenverstand realisiert auch, dass Erscheinungen (beispielsweise eine Spiegelung in einer Glasscheibe) eine gewisse Realität haben; mit

147 M. Arden (1985): Psychoanalysis and Survival. I.J. Psycho-Anal. 66, S. 471–480.
148 W. Shakespeare (2005): Der Sturm. Berlin (Stroemfeld Verlag), S. 146f.
149 W. (Doniger) O'Flaherty (1984): Dreams, Illusions and Other Realities (a.a.O.), S. 119 (Zitat in eigener Übersetzung).
150 Ebd., S. 126.

anderen Worten, dass es eine Oberflächenrealität geben kann, also eine Erscheinung, und eine tiefe Realität. Ferner gibt es viele verschiedene Formen realer Dinge.«[151]

Wenn Freuds imaginärer Gesprächspartner darüber verunsichert wäre, wie der Meister auf die hinduistische Einstellung der *Zukunft einer Illusion* reagiert hätte, könnte ich ihn, glaube ich, beruhigen. Freud war mit Sicherheit nicht dogmatisch. Wir wissen, dass er stets bereit war, seine Ansichten im Lichte neuer Erkenntnis zu verändern, und häufig ein strenger Kritiker seiner eigenen Arbeiten war, insbesondere wenn er sich außerhalb der klinischen Arbeit in die kulturelle Domäne wagte. »Wenn die Erfahrung – nicht mir, sondern anderen nach mir, die ebenso denken – zeigen sollte, dass wir uns geirrt haben, so werden wir auf unsere Erwartungen verzichten.«[152] Die *Zukunft einer Illusion* ist nicht unbedingt ein Irrtum, sondern enthält Teilwahrheiten, die nicht universalisiert werden können. Aus einer hinduistischen Perspektive liegt Freuds Hauptschwäche in seiner grundlegenden Prämisse – der Bedeutung, die er dem religiösen Glauben und Ideen in seinem Bild vom religiösen Menschen zuschreibt. Der Hinduismus, dem dieser Aspekt der Religion zwar nicht gleichgültig ist, hält ihn auf jeden Fall für weniger relevant als das religiöse Erleben, ob nun im Ritual, in religiösen Zeremonien, auf Pilgerfahrten oder bei mystischen Erfahrungen. Für einen Hindu sind es diese fesselnden, transformierenden Momente in der religiösen Praxis, die den Kern der Religion bilden. Vielleicht hätte der Schriftsteller und Künstler in Freud, mehr als der positivistische Wissenschaftler der *Zukunft einer Illusion*, dem zugestimmt, denn dieser sagt: »[I]n meinem Geiste gestalte ich ständig Romane«[153] und »[I]ch bin von meinem Wesen her eigentlich ein Künstler [...]. Meine Bücher ähneln tatsächlich stärker Arbeiten der Vorstellungskraft als wissenschaftlichen Abhandlungen der Pathologie.«[154]

151 K. Popper (1979): Objective Knowledge: An Evolutionary Approach. Oxford (Oxford University Press), S. 37 (Zitat in eigener Übersetzung).

152 Freud (1927): Die Zukunft einer Illusion (a.a.O.), S. 154, 2005.

153 S. Freud zit.n. P. Mahony (1982): Freud as a Writer. New York (International Universities Press), S. 11f. (Zitat in eigener Übersetzung).

154 S. Freud zit.n. G. Papini (1969): A visit to Freud. Rev. Existential Psychol. Psychiat. 9, S. 130–134 (Zitat in eigener Übersetzung).

Und was ist nun mit dem jungen Mann, der am Anfang dieses Essays *Die Zukunft einer Illusion* als einen unentbehrlichen Verbündeten in seinem Ringen begrüßte, die romantischen »Illusionen« seiner heimischen, indischen Vorstellungswelt über Bord zu werfen und vom Bereich des Mythos in den des Logos zu wechseln? Nun älter, hat er weiterhin Vertrauen in Freuds ironische Sichtweise der menschlichen Existenz, obgleich er inzwischen weit weniger von dem Handel gefesselt ist, den er eingegangen ist, als er jung war.

VIII. Globalisierung, Migration und Psyche

Man kann die Welt weder von einem beliebigen noch von gar keinem Standort aus betrachten, sondern nur aus der eigenen, besonderen Position heraus. Meine ist die eines indischen Psychoanalytikers und Schriftstellers am Anfang des 21. Jahrhunderts, der in Indien lebt, im Verlauf seines Lebens aber einige Erfahrungen mit Menschen und Gesellschaften des Westens sammeln konnte. Mit anderen Worten: Die »Psyche« von der ich im Folgenden spreche, ist überwiegend die von Indern, die von der Globalisierung beeinflusst wurden. Allerdings gehe ich davon aus, dass einige meiner Beobachtungen auch für Menschen anderer traditioneller Gesellschaften zutreffen, die mit jenen Kräften ringen, die mit der Globalisierung entfesselt worden sind.

Obwohl die Globalisierung von weiten Teilen der indischen Mittelklasse begrüßt wird, gibt es auch starken Widerstand gegen viele ihrer Erscheinungsformen. Paradoxerweise kommt dieser Widerstand gegen die Globalisierung nicht selten von genau den Menschen, die von ihr am stärksten profitieren. Die Opposition in Indien besteht dabei einerseits aus linksorientierten Liberalen und Umweltschützern und andererseits aus Hindu-Nationalisten und Traditionalisten anderer Glaubensrichtungen. Die Motive dieser beiden grundverschiedenen Gruppierungen, Globalisierung als Bedrohung zu betrachten, sind sehr unterschiedlich. Der Kern der Opposition der liberalen Linken lässt sich mit einem Satz zusammenfassen: Das Problem der Globalisierung ist, dass sie keine Universalisierung ist. Mit anderen Worten:

Liberale Globalisierungsgegner sind der Meinung, dass die Globalisierung nicht von universeller Wohlfahrt angetrieben wird, sondern von westlichen, ökonomischen Interessen. Die Förderung eines freieren Austausches von Gütern und Kapital wird nicht begleitet von einer ebenso freien Beweglichkeit von Arbeit und Fachwissen, was für viele Menschen in den sogenannten Entwicklungsländern von Vorteil wäre. Der Protektionismus des Westens, insbesondere was die Einwanderungsbestimmungen betrifft, entspringt also kaum einer globalen Perspektive, wie es eine universelle Ethik verlangen würde. Vielmehr dient der Protektionismus den nationalen Interessen einzelner Staaten. In Abwesenheit einer universellen Ethik, die die Handlungen der Nationalstaaten regeln würde, ist die gegenwärtige Globalisierung nachteilig für das Wohlergehen der Schwachen und derjenigen, die von den Marktvorgängen ausgeschlossen sind. Was möglicherweise nötig wäre, ist eine Globalisierung *zweiter* Ordnung, in der die Bemühungen der einzelnen Weltreligionen vereint werden, wesentliche Aspekte einer universell gültigen Ethik zu umreißen.

Die zweite Gruppe der Globalisierungsgegner in Indien umfasst Hindu-Nationalisten und religiöse Traditionalisten. Sie interessieren sich weit weniger für die ökonomischen Ungerechtigkeiten. Vielmehr sorgen sie sich über den sogenannten »kulturellen Angriff« auf ihre traditionellen Vorstellungen und Werte, den die Globalisierung auslöst. Ihre Ängste werden deutlich in einer Stellungnahme, die vor wenigen Jahren von der nationalen Geschäftsführung des RSS (Rashtriya Swayamsevak Sangh) herausgegeben wurde. Zur Erklärung sollte erwähnt werden, dass der RSS die treibende fundamentalistische Kraft ist, die sich hinter der Hindu-nationalistischen Partei BJP (Bharatiya Janata Party) verbirgt. Die BJP ist heute in vielen Bundesstaaten Indiens an der Macht und die bedeutendste Opposition im Parlament. Die Geschäftsführung des RSS drückte ihre Bedenken folgendermaßen aus: »Wir haben ernste Sorge vor einem Übergriff westlicher Werte und Lebensstile auf unsere lang erprobten Ehrvorstellungen und Lebenswerte und möchten unsere Landsleute auf die ihnen innewohnenden Gefahren aufmerksam machen.«[155]

155 Anonym: RSS call against cultural pollution. Organizer 26.03.2000, S. 12 (Zitat in eigener Übersetzung).

Der RSS sieht in diesem Eingriff eine Verschwörung von Mächten, die Indien schwächen und versklaven wollen, Kräfte, die

> »sehr genau erkennen, dass ihr Unheil nicht siegen kann, solange Hindus weiter ihre kulturell tradierten Werte in Ehren halten. [...] Um das hinduistische Volk aus ihrer kulturellen Verankerung zu lösen, werden Kinos sowie nationale und internationale Fernsehstationen aufgebaut. Werbung wird als ein Instrument für diesen schädlichen Angriff genutzt. Solche Programme, wie Schönheitswettbewerbe und solche Gruppen wie die MNCs (multinationale Unternehmen) tragen zu dieser gut geplanten Invasion bei. [...] Als Folge breitet sich das Konsumverhalten aus und verführt unsere heranwachsende Generation zu einem Leben der Bequemlichkeit und Zügellosigkeit. Ihre geistige Gesundheit wird ebenfalls beeinträchtigt. Die Bindung gegenüber traditionellen, moralischen Werten wird erschüttert und Minderwertigkeitskomplexe packen sie in einem Alter, in dem sie leicht zu beeinflussen sind. Wie man das hinduistische Volk aus ihrer kulturellen Verankerung reißt, ist offensichtlich Plan dieser Verschwörung.«[156]

Die Stellungnahme endet mit einem Aufruf an die Mitglieder des RSS und »an alle Menschen, die sich unserer kulturellen Bedeutung bewusst sind, um ihre Familienatmosphäre frei von dieser kulturellen Verschmutzung zu halten«[157].

Die unheilvollen globalen Kräfte mögen in dieser speziellen Stellungnahme ungenannt sein, aber es gibt keinen Zweifel an der Identität ihres Vertreters vor Ort. Aus nationalistischen Schriften und Unterhaltungen mit RSS-Ideologen wird deutlich, dass der »innere Feind« für sie der globalisierte *Inder* ist, in erster Linie der globalisierte Hindu, der in ihren Augen zum Rattenfänger einer ganzen Generation junger Mittelklasse-Hindus wird.

Fest verwurzelt im Establishment, ist dieser Englisch sprechende, meinungsmachende Teil der indischen Gesellschaft die ominöse Verkörperung einer ansonsten abstrakten, globalen Bedrohung. In ihm sieht der Nationalist das »indische Zugpferd« für alle globalen Moden. Er ist beispielsweise jemand, der seinen Geburtstag feiert, indem er die Geburtstagskerzen auf dem Kuchen ausbläst – eine Beleidigung für den traditionsbewussten Hindu, für den das Anzünden einer Kerze eine tief religiöse

156 Ebd.
157 Ebd.

Handlung ist. Der Hindu-Nationalist würde klagen, dass der globalisierte Hindu die Vergangenheit seiner Kolonialherren glorifiziert, statt seine *eigene* Vergangenheit zu feiern. Am meisten jedoch ist der globalisierte Hindu für den Hinduismus eine Bedrohung, und zwar aufgrund seiner Offenheit gegenüber der liberalen oder besser »unzüchtigen« westlichen Sexualmoral, die durch Fernsehprogramme und Werbung, beispielsweise für Körperpflege oder Mode, die Vorstellungswelt des Puristen erregt. Der Protest gegen die Allgegenwart, Bedeutung und Manifestation des sexuellen Selbst, das im westlichen Kunst- und Literaturdiskurs des 20. Jahrhunderts so zentral ist, ist grundlegend sowohl in der konservativen als auch fundamentalistischen Rhetorik in vielen Teilen der Welt. Auch der Hindu-Nationalist reagiert gewalttätig auf das, was er als »kulturelle Verschmutzung« betrachtet. Ob nun Schönheitswettbewerbe oder die Degradierung einer freieren Geschlechtermischung und eines freieren Umgangs junger Menschen miteinander, Nationalisten und Traditionalisten verdammen alle Erscheinungsformen der Moderne, die die Sinne erregen, statt sie zu beruhigen, die das sinnliche Feuer schüren, statt seine Flammen zu löschen.

Ich möchte hier jedoch nicht eine Aufzählung der politischen Kräfte geben, die in Indien und vielen anderen südlichen Staaten gegen die Globalisierung agieren, sondern über die Auswirkungen sprechen, die die Globalisierung auf die Psyche der Leidenden ausübt. Die Transformationen, die mit der Globalisierung einhergehen, sind nicht nur politischer und sozialer Natur, sondern dringen bis in den Kern der Psyche vor und haben eklatante Folgen für das Verständnis des Selbst und der Subjektivität.

Ich beginne mit zwei Beiträgen vom (elektronischen) Schwarzen Brett des Internets, von denen in der *International Herald Tribune* im September 2008 berichtet wurde: »Hi, mein Name ist Akash und ich bin aus Indien. Ich träume davon, in einem Call-Center[158] zu arbeiten, aber ich habe MTI [Mother Tongue Influence – was man als Muttersprachen-Akzent übersetzen könnte]. Wie kann ich meinen Akzent loswerden? Bitte helfen.« Die zweite Internet-Mitteilung lautete: »Wird es als unzivi-

158 Call-Center sind, wie man weiß, Telefonzentralen, in denen Engländer und Amerikaner Dienstleistungen wie telefonische Kundenbetreuung, Verkauf von Werbeartikeln oder Versicherungen am Telefon etc. an Länder wie Indien vergeben, weil die Lohnkosten dort deutlich niedriger sind.

lisiert betrachtet, wenn man ohne Gabel und Messer isst? Abgesehen von Burgern und Sandwiches. Reis und andere Mahlzeiten – mit Messer und Gabel oder mit den Händen? Ich liebe Roti und Butterhuhn aber ich weiß einfach nicht, wie ich es anders als mit den Händen Essen soll.«[159]

Dies sind schmerzliche, wenn nicht tragische Mitteilungen von Leuten, die in meinem Land als Gewinner der Globalisierung betrachtet werden: nämlich die schnell wachsende indische Mittelschicht. In der ersten Mitteilung bittet Akash um Hilfe, seine Muttersprache loszuwerden, in der zweiten muss sich jemand seine traditionelle Essweise abgewöhnen. Wie fühlt es sich an, wenn einem gesagt wird, dass die Muttersprache eliminiert werden muss? Oder dass man die eigenen Essgewohnheiten ändern soll?

Die zwei wesentlichen Auswirkungen der Globalisierung auf die Psyche sind zum einen Gefühle des Verlusts und der Trauer und zum anderen Gefühle der Erniedrigung. Diese Gefühle erschüttern das Identitätsgefühl des Einzelnen und zwingen ihn, es auf anderem Wege neu zu stärken. Diesen Prozess der Identitätsbedrohung und der erneuten Identitätsbildung möchte ich im Folgenden beschreiben. Der Prozess ist am deutlichsten im Fall von Massenmigration zu beobachten, und zwar sowohl innerhalb eines großen Landes (wie Indien) als auch in andere Länder als Folge der Globalisierung. Die Mehrheit der Migranten, die innerhalb ihres Landes umziehen, folgen den sich wandelnden Anforderungen des globalen Marktes für bestimmte Güter oder Dienstleistungen, die sie zwingen, ihre traditionelle geografische Herkunft und kulturellen Nischen zu verlassen. Qualitativ unterscheiden sie sich nicht von Immigranten in fremde Länder. In Indien beispielsweise bezieht sich der Begriff für ein fremdes Land – *pardesh* – sowohl auf eine andere Provinz im eigenen Land als auch auf das Ausland.

Diese durch Arbeitssuche bedingte inländische Migration (in Indien sind dies ca. 200 Millionen Menschen) erfordert häufig eine langfristige Trennung von Familien und gewohnten Kiezen.

Psychologen berichten und Schriftsteller beschreiben die Gefühle des schmerzlichen Verlusts und die Zustände des Rückzugs derjenigen, die alte Bindungen betrauern und Bedenken haben, neue zu gestalten. Viele der

159 A. Giridharadas: In India, the paradox of choice in a globalized culture. Int. Herald Tribune 11.09.2008.

Migranten sind in fremde Regionen ausgewandert, weil ihre traditionellen Rollen und Berufe in dieser Welt nicht mehr benötigt werden und sie ihren Lebensunterhalt nicht länger bestreiten können. Andere sind Bauern, die ihr Land zum Zweck der Industrialisierung abgeben mussten. Die Migration wird begleitet von ernst zu nehmenden Einbußen des Selbstwertgefühls, da die Betroffenen mit einem gleichzeitigen Verlust ihres sozialen Status und ihrer berufsbezogenen Identität konfrontiert werden. Das trifft sogar für die Bauern zu, die von der Regierung und Industrie großzügig mit Geld kompensiert wurden, damit sie ihr Land aufgeben. Für die Betroffenen und ihre Familien, insbesondere für die Kinder, bricht das Vertrauen in die Stabilität ihrer errichteten Ordnung und Welt ein. Was ihnen indessen droht, ist das Schreckgespenst einer Zukunft, die nicht nur undurchsichtig ist, sondern die zu einer Bedrohung jeglicher Sinngebung wird.

Die Gefühle des Verlusts beschränken sich nicht nur auf die Auswanderung aus der geografischen und kulturellen Heimat oder auf das Verschwinden traditioneller Arbeitsidentitäten. Der Verlust dehnt sich auch auf die Werte und Ideale der Vorfahren aus, denn die homogenisierenden und hegemonisierenden Auswirkungen der Globalisierung sind rücksichtslos gegenüber der kulturellen, pluralen Vielfalt. Dennoch haben Menschen eine bemerkenswerte Fähigkeit, sich anzupassen, neue Identitäten zu erschaffen, wenn alte zu schwanken beginnen, neue Gemeinschaften zu bilden, wenn alte verlassen werden müssen, neue Gärten der Liebe zu pflanzen, wenn alte verdorrt sind. Aber bevor eine neue Identität entstehen kann, gehen viele Migranten durch einen Prozess einer Identitätsbedrohung, gefolgt von Spaltung. Und ich möchte auf diesen Prozess etwas näher eingehen.

Identität lebt sich gewöhnlich uneingeschränkt und frei von zwanghafter und übermäßiger Überprüfung. Und so sollte es auch sein. »Wer bin ich?« ist keine Frage, die ein geistig gesunder Erwachsener sich im Allgemeinen stellt. Das Alltagsleben ist geprägt von Indifferenz gegenüber der eigenen Identität. Erst wenn dieser Bereich der Indifferenz durchbrochen wird, treten die einen oder anderen Aspekte unserer Identität in den Vordergrund unseres Bewusstseins. Migration durchbricht den Bereich der Indifferenz und lässt unsere kulturelle Identität in den Vordergrund treten. Beobachtungen wie »Sie denken so«, »Sie glauben an das«, »Ihre Gewohnheiten sind solche« führen unvermeidlich zu Fragen, die man sich vorher nicht bewusst gestellt hat: »Was denken *wir* denn?«; »Woran glauben *wir* denn?«; »Was sind denn *unsere* Gewohnheiten?« Indem mit dem Prozess der Globalisierung und der Migration Menschen in größere Nähe zueinander rücken, wird paradoxerweise auch die Selbstwahrnehmung erhöht, die uns voneinander trennt und unterscheidet. Natürlich sind nicht alle oder die meisten dieser Begegnungen emotional neutral. Inder beispielsweise sind in Nordamerika und Europa regelmäßig einer Herablassung ihrer kulturellen Traditionen ausgesetzt. Wie einer meiner Schriftsteller-Freunde reumütig berichtete, wird Mahatma Gandhi selbst in den besten amerikanischen Publikationen immer wieder als Mahatma *Gh*andi gedruckt und hochgebildete Amerikaner pflegen zu fragen, ob er in Englisch oder in »Hindu« schreibt. Für manche Inder in der Diaspora führt eine solche Folge trivialer Demütigungen dazu, die Mythen, Erinnerungen, Symbole und Rituale, die Teil ihres Indisch-Seins sind, zu idealisieren. Sie nehmen ihre indische Identität manchmal mit großer Inbrunst an und verhalten sich oft weit konservativer als ihre Landsleute in der Heimat. Andere legen ihr Indisch-Sein vollkommen ab, indem sie versuchen, sich ganz an die dominante angelsächsische Kultur anzupassen, was Psychoanalytiker als »Identifizierung mit dem Aggressor« bezeichnen. Mit Identifizierung meine ich nicht eine Anpassung an die Umwelt, in der man lebt, was ein lobenswertes Ziel ist. Erst wenn das Indisch-Sein vollkommen zurückgewiesen wird – wenn Gurcharan nicht nur »Tony« an seinem Arbeitsplatz und für seine amerikanischen Freunde ist, sondern auch noch anfängt wie »Tony« zu denken und zu fühlen – sprechen wir von einer Identifizierung oder vielmehr »Überidentifizierung« mit der dominanten Kultur.

Ein großer Teil des Infragestellens spielt sich unterhalb der Bewusstseinsoberfläche ab. Gemeinsam mit der Trauer über die Verluste, die die Migration mit sich bringt, führt diese Identitätskonfrontation, wie ich es nennen würde, zu einem wachsenden Gefühl psychischer Diskontinuität und damit zu einer Bedrohung der bestehenden Identität.

In einem vor wenigen Jahren erschienenen Buch des in Indien geborenen Psychoanalytikers Salman Akhtar, der seit Jahren in Nordamerika lebt und dort praktiziert, wird der Prozess der Spaltung und der langsamen Heilung, die der Identitätsbedrohung folgt, genauestens beschrieben.[160]

160 S. Akhtar (1999): Immigration and identity: turmoil, treatment, and transformation. Lanham (Aronson).

Er zitiert den chilenischen Dichter Gabriela Mistral, der das Wesen des psychischen Risses im Migranten folgendermaßen beschreibt:

Ich bin zwei. Einer schaut zurück
Der andere dreht sich zum Meer.
In meinem Genick schäumen Abschiede
Und in meiner Brust Sehnsucht.[161]

Spaltung ist eine psychologische Abwehr, mit der der Migrant seine beiden Länder – das alte und das neue – in gut und schlecht aufspaltet. Die Ursprungsheimat wird dabei gewöhnlich idealisiert und die neue Heimat herabgesetzt. Wie Akhtar bemerkt:

> »Für einen Immigranten von Osten nach Westen führt das oft zu der Vorstellung, dass die westliche Kultur durch Gier, sexuelle Promiskuität, Gewalt und einer Missachtung der Grenzen zwischen den Generationen charakterisiert wird, während die östliche Kultur als ein Ort der Zufriedenheit, instinktiver Zurückhaltung, Liebe, Demut und Respekt für die Alten betrachtet wird. Oft kreisen solche Idealisierungen stärker um Erinnerungen an Orte als an Menschen. Die stärksten Gefühle spart sich ein Migrant für Erinnerungen an Häuser, Straßen, Ecken, Cafes, Hügel und die Landschaft seiner Heimat auf.«[162]

Es herrscht eine weit verbreitete »Eines-Tages-Fantasie« vor: Eines Tages werde ich zurückkehren; eines Tages werde ich in meiner alten Heimat mein Rentenalter verbringen; oder eines Tages, wenn ich sterbe, werde ich in meiner Heimat begraben.

Dies ist eine gefährliche Phase, da die Spaltung sich untypisch verlängert oder dauerhaft wird. Indem der Migrant die Unterstützung verloren hat, die er aus der vertrauten Umgebung, der Landschaft, dem Klima seiner Heimat zieht – psychoanalytisch gesprochen, alles unbewusst wahrgenommene Ausdehnungen der Mutter – könnte er zur Wiederherstellung dieses Rückhalts versuchen, sich in einer ethnischen Umgebung zu bewegen, die der ursprünglichen ähnelt. So eine »ethnische Umgebung« – beispielsweise Berlin-Kreuzberg für die Türken –

161 G. Mistral & D. Dana (1971): Selected Poems of Gabriela Mistral. Translated and edited by D. Dana. Baltimore (John Hopkins University Press), S. 49 (Zitat in eigener Übersetzung).

162 S. Akhtar (1999): Immigration and identity (a. a. O.), S. 90.

führt zu einem lebenslangen Bemühen, das Mutterland symbolisch zurückzugewinnen.[163] Es kann sogar noch gefährlicher werden, wenn der Einzelne in einer Gruppe Mitglied wird, die seine Spaltung teilt und ihm damit einen Zufluchtsort gibt, der dann nur noch mit Widerwillen aufgegeben werden kann. Wir sind uns alle im Klaren über den starken Einfluss, den eine Gruppe auf die Festigung des Identitätsgefühls beim Einzelnen haben kann. Selbst in der Einzel-Psychotherapie sieht man oft, dass es für Patienten in einem Zustand der Selbst-Fragmentierung nicht ungewöhnlich ist, ein stärker gefestigtes Selbstgefühl zu entwickeln, wenn sie einer organisierten Gruppe beitreten. Die Mitgliedschaft in einer Gruppe, die die gleichen Werte, Ideale und Klagen miteinander teilt, kann einem zerbröckelnden Selbst genauso Halt geben wie ein Gerüst einem zerfallenden Gebäude.[164] Sowohl Fundamentalisten als auch Fanatiker bilden sich dann heraus, wenn sie Teil einer Gruppe werden, in der die Spaltung dauerhaft geworden ist. Sie unterscheiden sich darin, dass der Fundamentalist seinen Blick in erster Linie nach innen kehrt, da er seinen Verlust betrauert, während der Fanatiker den Blick nach außen kehrt, indem er seine Unterdrückung wütend zum Ausdruck bringt.

Gewöhnlich aber unterliegt die innere Spaltung der Migranten Vor- und Rückbewegungen: Mal wird die Heimat idealisiert und mal wird sie als schmutzig, korrupt, faul und sexuell unterdrückt zurückgewiesen, während der Westen mal abgelehnt und mal als sauber, fleißig, ordentlich und sexuell freizügig idealisiert wird.[165] Nach und nach heilt sich die Spaltung in einer Art Synthese oder »Bindestrich-Identität«, die sich im Idealfall durch eine humorvolle Ambivalenz gegenüber beiden auszeichnet – der alten und der adoptierten Heimat. Die Schnelligkeit und der Grad dieser Synthese hängen von vielen Faktoren ab, die Akhtar in seinem Buch diskutiert. Diese beinhalten: Umstände und Gründe der Migration, Zugang zu emotionalem Auftanken, Alter beim Zeitpunkt der Migration, Persönlichkeitsmerkmale, das Wesen des Herkunftslandes, das Ausmaß der kulturellen Unterschiede, die Akzeptanz durch die Bevölkerung im Gastland, das Gefühl der Nützlichkeit im adoptierten

163 H. Krystal (1966): Giorgio de Chirico: Ego states and Artistic production. American Imago 23, S. 210–226, hier S. 217.

164 E. Wolf (1988): Treating the Self. New York (Guilford Press), S. 48.

165 S. Akhtar (1999): Immigration and identity (a.a.O.), S. 80.

Land, interkulturelle Ehen, die Geburt von Kindern in der neuen Heimat, Körpermerkmale und der Einfluss des Geschlechts.[166]

Ich möchte dem nur hinzufügen, dass es immer – gleichgültig, ob sich die Auswanderung freiwillig oder aus Not zutrug (wobei die Erstere natürlich eine bessere Prognose hat) – eine unbewusste Schuld gibt, das Geburtsland zu verlassen, da man ihm gegenüber, wie den Eltern, Loyalität für die anfängliche Fürsorge empfindet. Sokrates weigerte sich, ins Exil zu gehen, weil er sich dem ihn versorgenden Staat gegenüber verpflichtet fühlte. Der Verbannte braucht den Giftbecher nicht zu trinken, aber er muss sich einen Teil der »symbolischen Destillierung« einverleiben.[167] Bei Auswanderern zeigt sich diese unbewusste Schuld am häufigsten in der tiefgreifenden Fantasie, dass die Eltern in ihrer Abwesenheit sterben werden.

Letztendlich hängen der Grad des psychischen Verlustsschmerzes, der »heimtückischen« Spaltung und des Herausbildens einer neuen Identität davon ab, wie stark der Immigrant das Gefühl hat, eine *Wahl* zu haben, sein Leben zu leben, das heißt, von dem Ausmaß, mit dem er sich selbst als aktiv handlungsfähig erlebt und nicht bloß als Opfer übermächtiger Kräfte innerhalb oder außerhalb seiner selbst. Setzt man die günstigeren Konstellationen voraus, könnte ein Immigrant sagen, was eine Figur des Nobelpreisträgers V.S. Naipaul in dem Roman *Eine Biegung im Fluss* sagte: »Ich bin ein glücklicher Mann. Ich trage die Welt in mir. […] Ich kann wählen. Die Welt ist ein Ort voller Reichtümer. Es hängt alles davon ab, was du darin wählst.«[168]

Aber ist das wirklich wahr? Welche Identitätsmöglichkeiten können sich beim Migranten tatsächlich herausbilden? Es gibt hier zwei miteinander konkurrierende Erzählstränge. Einer ist ein loser, aber gut funktionierender Verbund »multipler Identitäten«, eine Position, die derzeit »in Mode« ist, insbesondere bei manchen postmodernen Denkern. Für sie ist der Migrant ein Mitwirkender in den aufregenden Zeiten der Globalisierung, in der die kulturelle Vermischung größer ist als jemals zuvor in irgendeiner Epoche der menschlichen Geschichte. Es ist eine Zeit, in der Großstädte wie London oder New York, aber auch Paris

166 Ebd., S. 6–29.
167 J. Paris (1978): The symbolic return: psychodynamic aspects of immigration and exile. J. Amer. Acad. Psychoanal. 6(1), S. 433–465, hier S. 56.
168 V.S. Naipaul (1989): A Bend in the River. New York (Vintage), S. 155.

und Berlin, nicht länger nationale Städte sind, sondern zu Weltstädten werden – moderne Roms sozusagen. Migration kann zu einer Chance werden, seine Identität neu zu erfinden: Willie, der Held in Naipauls Roman *Ein halbes Leben*, realisierte mit der Zeit, »dass seine Vergangenheit diesen Ausländern unbekannt ist; er ist frei, sich so darzustellen, wie er es wünscht. [...] Die Möglichkeiten waren schwindelerregend. Er konnte sich und seine Vergangenheit und seine Abstammung im Rahmen des Möglichen neu erfinden.«[169] Die Hochstapelei mit der eigenen Identität, die man bei manchen Immigranten antrifft, sollte mit der postmodernen Hervorhebung multipler Identitäten nicht verwechselt werden. Das umstrittenere Thema, wenn man von »multiplen Identitäten« spricht, ist das der Wahlmöglichkeiten. Mit Ausnahme einiger Privilegierter wie zum Beispiel reisende Geschäftsleute, Diplomaten und international gefragte Wissenschaftler sind diese Wahlmöglichkeiten des Identitätswechsels für die meisten Migranten sehr begrenzt. Die eigenen Bestrebungen, eine andere Identität anzunehmen, stoßen stets an die elastischen Grenzen der sozialen Gruppe, die einen wieder zurückstößt in die zugeschriebene traditionelle Identität und sich weigert, die neue Selbstdefinierung zu bestärken oder zu teilen. Aber Identität ist nicht nur ein soziales, sondern auch ein psycho-soziales Gebilde und ich möchte an dieser Stelle vertiefend auf diese psychischen, subjektiven Aspekte eingehen.

Identität ist nicht bloß eine Rolle (beziehungsweise das Aufeinanderfolgen unterschiedlicher Rollen), als die sie häufig missverstanden wird. Sie ist nicht etwas »Fließendes«, sondern wird durch ein Gefühl der Kontinuität und Gleichheit bestimmt, ganz gleichgültig, in welchem Lebensabschnitt man sich gerade befindet. Identität ist etwas, durch das man selbst erkennt und durch das man von anderen, die die eigene Welt bilden, erkannt wird. Sie ist, wie es in einem Zeitungsartikel einmal umschrieben wurde, kein Kleidungsstück, das entsprechend der Wetterlage an- oder abgestreift wird, sondern sie wird unter der Haut getragen. Identität ist nicht etwas, das man sich aussucht, sondern etwas, das einen greift. Sie kann schmerzlich sein, eine tragische Wendung nehmen, verflucht oder beklagt werden, aber sie kann nicht abgeschüttelt werden, obgleich sie vor anderen verborgen oder – tragischer – vor sich selbst versteckt werden kann.

169 V.S. Naipaul (2001): Half a Life. London (Picador), S. 60.

Radikalere Kritiker behaupten, dass ein Selbst mit multiplen Stimmen wie das vertraute Selbst im psychoanalytischen Behandlungszimmer ist: ein unzusammenhängendes, ungeortetes, dezentriertes Selbst, das danach strebt, genau diesen Zustand aufzuheben.[170] Sie leugnen nicht, dass Menschen flexibel sind und sich in unterschiedlicher Art und Weise wahrnehmen. Veränderung ist jedoch begrenzt, sie ist ein flexibler Wandel um unveränderliche Fixpunkte.[171]

Meine eigene Erfahrung legt nahe, dass die postmoderne Sichtweise, die die Möglichkeiten der multiplen Identitäten hervorhebt, eine nötige Korrektur des pessimistischen psychoanalytischen Diskurses zur Identität von Immigranten ist. Sie birgt allerdings auch die Gefahr, den psychischen Schmerz des Migrationsprozesses und das Fortdauern der Vergangenheit in der Gegenwart herunterzuspielen oder gar zu leugnen. Die Betonung der Multiplizität kann davon ablenken, was im Menschen fortdauernd ist. Selbst bei Immigranten, die weder arm sind noch durch andere Umstände gezwungen sind, auszuwandern, und die in ihrer neuen Heimat mit funktionierenden multiplen Identitäten gut angepasst zu sein scheinen oder aber sich stark mit der Kultur ihres Gastlandes identifizieren, wird die alte Identität niemals über Bord geworfen. Abgeschnittene Teile des Selbst – die traditionelle Identität mit der Heimatkultur – werden immer zurückkommen, wenn nicht zu einem späteren Zeitpunkt im Lebenszyklus eines Menschen, dann möglicherweise in einem kritischen Augenblick im Leben seiner Kinder oder Enkel. So wird die Jugend beispielsweise als eine Lebenszeit betrachtet, in der Identitätsfragen in den Vordergrund treten, wenn die bewusste und unbewusste Beschäftigung mit der Frage »wer bin ich?« ihren Höhepunkt erreicht. Manche Inder in der Diaspora, die bereitwillig die Entscheidung getroffen haben, sich vollkommen an die neue Gesellschaft anzupassen und die den Eindruck vermitteln, alle Spuren ihres indischen Ursprungs verloren zu haben, werden überrascht feststellen, dass das Thema der kulturellen Identität nicht verschwunden ist. Spätestens mit der nächsten Generation, wenn ihre Töchter und Söhne erwachsen werden, werden diese nach ihren kulturellen Wurzeln fragen, die Teil ihrer persönlichen Identitätssuche sind. Sie werden beispielsweise in das Land ihrer Vorväter reisen oder Kurse

170 K. Leary (1994): Psychoanalytic problems and postmodern solutions. Psa. Q. 63, S. 454.
171 Ebd., S. 462.

über Südasien an ihren europäischen oder amerikanischen Universitäten belegen. Allerdings scheint der Begriff der multiplen Identitäten – des »dezentrierten Selbst« – die Rolle der persönlichen Wahl überzubewerten und die unbewussten Faktoren herunterzuspielen, insbesondere die der Kindheit, die in der Herausbildung und in der Erfahrung unserer Identität so wichtig sind.

Meine Beobachtungen begrenzen sich auf die Migration von Osten nach Westen, von Süden nach Norden und nicht in die umgekehrte Richtung. Die umgekehrte Bewegung von Menschen, die sehr viel seltener ist als die der Migration in den Norden, beschränkt sich überwiegend auf den kurzfristigen Tourismus oder etwas längerfristige Aufenthalte von Expats oder Diplomaten, die selbst bestimmen, für mehrere Jahre ins Ausland zu gehen. Die Auswirkungen der Globalisierung auf ihre Psyche hat eine ganz andere Abfolge. Ich möchte hier nur einen entscheidenden Unterschied anrühren. Anders als bei Migranten von Süden nach Norden, deren Zufuhr an gesundem Narzissmus im Gastland einer drastischen Auszehrung unterliegt, hat der »westliche Gastarbeiter« ein gegenteiliges Problem. Aus einem reichen Land kommend, verkörpert er das Prestige des Westens in seiner eigenen Person. Viele Westler, die in ihrer Heimat ein unbedeutendes Leben in einer anonymen Alltagsmühle führen, werden in Indien und anderen südlichen und östlichen Ländern zu jemand »Besonderem« aufgewertet. Sie sind umgeben von bewundernden Blicken, schmeichelnden Worten, verstärkt von dem gleichmäßigen Fluss narzisstischer Zufuhr, die ihres Weges kommt. Die Gefahr für ihn liegt in einem »Überfressen« der narzisstischen Zufuhr, nicht an ihrem Mangel. Es ist seine aufgeblasene Selbstüberheblichkeit, die ihn der Realität entfremdet. Aber das ist eine andere Geschichte.

Birsen Kahraman

Die kultursensible Therapiebeziehung

Störungen und Lösungsansätze am Beispiel türkischer Klienten

2008 · 331 Seiten · Broschur
ISBN 978-3-89806-767-6

Die Psychotherapie mit Klienten anderer Herkunft scheitert häufig schon zu Beginn an kulturellen Missverständnissen. Dieses Buch beleuchtet mögliche Ursachen und bietet ein Arbeitsmodell für den kultursensiblen Umgang mit Patient/-innen an.

Stammen Klient und Therapeut aus unterschiedlichen Kulturen, haben sie potenziell verschiedene Ansichten über persönliche Probleme, soziale Konflikte oder Lebensziele. Wenn sich dazu noch Krankheitsverständnis, gegenseitige Rollenerwartungen und dadurch die möglichen Vorgehensweisen in der Therapie unterscheiden, kann die anfängliche neutrale »Fremdheit« auf beiden Seiten zu wiederholten Enttäuschungen bis hin zum Kontaktabbruch führen.

Dieses Buch basiert auf einer Studie, in der zwölf türkischstämmige Klienten und ihre Therapeuten zur interkulturellen Therapiebeziehung befragt wurden.

Herbert Fitzek, Ralph Sichler (Hg.)

Kulturen im Dialog

Felder und Formen interkultureller Kommunikation und Kompetenz – Zwischenschritte 2011

2011 · 221 Seiten · Broschur
ISBN 978-3-89806-848-2

Interkulturelle Kooperation und Kompetenz werden verstärkt im Bereich der Wirtschaft, aber auch in anderen Handlungsfeldern als soziale und individuelle Voraussetzungen für einen konstruktiven Austausch angesehen. Es gilt, nicht nur die Wechselwirkung und gegenseitige Durchdringung von Kulturen vor dem Hintergrund ihrer Vielfalt und Differenz zu thematisieren, sondern auch, Unterschiede konstruktiv sichtbar zu machen und Möglichkeiten der fruchtbaren wechselseitigen Anknüpfung zu schaffen. Aus Sicht der Kulturpsychologie, der ein erweiterter Kulturbegriff zugrunde liegt, ergeben sich zwei Zugänge: Aus der Perspektive der Interaktion steht der Dialog zwischen Kulturen, aus der Perspektive des Individuums die Kommunikation fördernde interkulturelle Kompetenz der beteiligten Akteure im Zentrum.

Angela Mauss-Hanke (Hg.)

Internationale Psychoanalyse 2010

Ausgewählte Beiträge aus dem *International Journal of Psychoanalysis*, Band 5

2010 · 313 Seiten · Broschur
ISBN 978-3-8379-2081-9

Das berühmte *International Journal of Psychoanalysis* gilt bis heute als weltweit wichtigste Fachzeitschrift der Psychoanalyse. Aus diesem reichen Fundus versammelt *Internationale Psychoanalyse* jährlich herausragende Beiträge. So bieten die Bände auch denjenigen, die Fachliteratur lieber in ihrer Muttersprache lesen, einen direkten Zugang zu den aktuellen Entwicklungen der internationalen psychoanalytischen Welt.

Band 5 enthält Beiträge von Dorit Ashur, Avner Bergstein, Dana Birksted-Breen, Glen O. Gabbard, Erika Krejci, Riccardo Lombardi, Deborah Anna Luepnitz, Thomas H. Ogden, Jean-Michel Quinodoz, Andrea Sabbadini, Henry Schwartz und Kay M. Souter

Angela Mauss-Hanke (Hg.)

Internationale Psychoanalyse 2011

Ausgewählte Beiträge aus dem *International Journal of Psychoanalysis*, Band 6

2011 · 313 Seiten · Broschur
ISBN 978-3-8379-2106-9

»Es ist wunderbar, dass das ›International Journal of Psychoanalysis‹ nun mit der ›Internationalen Psychoanalyse‹ einen deutschen Auswahlband hat. Eine solche Kommunikation ist ein unschätzbarer Beitrag, um voneinander zu lernen und unsere Disziplin voranzubringen. Die sorgfältige Arbeit der Herausgeberin und die Auswahl der Texte sind einfach vorbildlich.«

David Tuckett

Band 6 enthält Beiträge von Adela Abella, Marilia Aisenstein, Daniel Anderson, Dana Birksted-Breen, Germano Vollmer jr., Riccardo Lombardi, Antonio Carlos J. Pires, Marisa Pola, Claude Smadja, Luigi Solano, Richard Tuch und Nashyiela Loa-Zavala